古代戶籍

歷代區劃與戶籍制度

邢建華 編著

崧燁文化

序言 古代戶籍

文化是民族的血脈,是人民的精神家園。

文化是立國之根,最終體現在文化的發展繁榮。博大精深的中華優秀傳統文化是我們在世界文化激盪中站穩腳跟的根基。中華文化源遠流長,積澱著中華民族最深層的精神追求,代表著中華民族獨特的精神標識,為中華民族生生不息、發展壯大提供了豐厚滋養。我們要認識中華文化的獨特創造、價值理念、鮮明特色,增強文化自信和價值自信。

面對世界各國形形色色的文化現象,面對各種眼花繚亂的現代傳媒,要堅持文化自信,古為今用、洋為中用、推陳出新,有鑑別地加以對待,有揚棄地予以繼承,傳承和昇華中華優秀傳統文化,增強國家文化軟實力。

浩浩歷史長河,熊熊文明薪火,中華文化源遠流長,滾滾黃河、滔滔長江,是最直接源頭,這兩大文化浪濤經過千百年沖刷洗禮和不斷交流、融合以及沉澱,最終形成了求同存異、兼收並蓄的輝煌燦爛的中華文明,也是世界上唯一綿延不絕而從沒中斷的古老文化,並始終充滿了生機與活力。

中華文化曾是東方文化搖籃,也是推動世界文明不斷前行的動力之一。早在五百年前,中華文化的四大發明催生了歐洲文藝復興運動和地理大發現。中國四大發明先後傳到西方,對於促進西方工業社會發展和形成,曾造成了重要作用。

中華文化的力量,已經深深熔鑄到我們的生命力、創造力和凝聚力中,是我們民族的基因。中華民族的精神,也已

深深植根於綿延數千年的優秀文化傳統之中，是我們的精神家園。

　　總之，中華文化博大精深，是中華各族人民五千年來創造、傳承下來的物質文明和精神文明的總和，其內容包羅萬象，浩若星漢，具有很強文化縱深，蘊含豐富寶藏。我們要實現中華文化偉大復興，首先要站在傳統文化前沿，薪火相傳，一脈相承，弘揚和發展五千年來優秀的、光明的、先進的、科學的、文明的和自豪的文化現象，融合古今中外一切文化精華，構建具有中華文化特色的現代民族文化，向世界和未來展示中華民族的文化力量、文化價值、文化形態與文化風采。

　　為此，在有關專家指導下，我們收集整理了大量古今資料和最新研究成果，特別編撰了本套大型書系。主要包括獨具特色的語言文字、浩如煙海的文化典籍、名揚世界的科技工藝、異彩紛呈的文學藝術、充滿智慧的中國哲學、完備而深刻的倫理道德、古風古韻的建築遺存、深具內涵的自然名勝、悠久傳承的歷史文明，還有各具特色又相互交融的地域文化和民族文化等，充分顯示了中華民族厚重文化底蘊和強大民族凝聚力，具有極強系統性、廣博性和規模性。

　　本套書系的特點是全景展現，縱橫捭闔，內容採取講故事的方式進行敘述，語言通俗，明白曉暢，圖文並茂，形象直觀，古風古韻，格調高雅，具有很強的可讀性、欣賞性、知識性和延伸性，能夠讓廣大讀者全面觸摸和感受中華文化的豐富內涵。

肖東發

上古時期 裂土分茅

夏、商、周、春秋戰國是中國歷史上的上古時期。

在這一時期的行政區劃，夏、商、周代採取中央王朝與各部落聯盟分土而治的方式；春秋中期以後，隨著兼併戰爭的加劇，各諸侯國對疆土採取分層劃區進行管理。

這一時期的戶籍制度最初處於萌芽階段，至春秋戰國時期，戶籍則與兵籍、賦籍、地籍聯結在一起，作為徵收賦稅，征發徭役和兵役的依據。

夏代地理中心及行政聯盟

■夏朝建立者禹畫像

　　夏朝的建立者是禹。夏代是中國傳統史書中記載的第一個中原世襲制朝代，史稱「夏」。夏朝政權存在的時間，大約在西元前二〇七〇年至西元前一六〇〇年間，共傳承十四代。

　　夏朝一般被認為是多個部落聯盟形式的國家，君主與諸侯分而治之。夏朝國家處於萌芽階段，政治輻射一般不出都邑腹地，都邑之外透過氏族制的封邦建國以及通婚結盟達成關係。在這種情況下，夏代尚未形成由單一的中央政權劃分的行政區。

　　夏代是部落城邦聯盟向封建國家的過渡期，因此沒有明確的疆域。大致的疆域是西至河南省西部、山西省南部，東

至河南省、山東省和河北省三省交界處，南至湖北省北部，北至河北省南部。

這個區域的地理中心是今偃師、登封、新密、禹州一帶。當時夏的勢力延伸至黃河南北，甚至長江流域。

夏代早期，夏族主要在山西中南部的河內地區活動，沿汾水、河水向東南方向遷徙，晚期至河南中部伊河和洛河流域。

遠古時期尚未有明確的都城概念。社會處於半畜牧遊獵、半農耕定居的階段。夏代部族民隨同首領以及族中壯丁遷移，耗盡當地的資源後便遷移他地，不常駐一處。夏代後的居地稱作「大邑」或「夏邑」，這是國家首都的原始概念。

據文獻記載，夏代族首領先後定居大夏、夏墟、高密、陽城、陽翟、晉陽、平陽、冀、安邑、夏邑、斟鄩、帝丘、綸、原、老丘、西河、河南這些地方。

在原始社會，人們按氏族、部落進行生產和生活，根本不需要行政區劃，也沒有地域區劃的概念。

隨著生產力的發展，社會的進步，逐步出現了私另有一些較大的方國已經建立了國家組織，規模甚至大於夏。諸侯國是天子對其家族、功臣給予的封地。

無論是「方國」，還是「諸侯國」，都是一個個獨立的國家，與夏王朝之間都只是鬆散的臣屬關係。

古代戶籍：歷代區劃與戶籍制度
上古時期 裂土分茅

夏代的數支姒姓部落與夏後氏中央王室在血緣上有宗法關係，政治上有分封關係，經濟上有貢賦關係，大致構成夏王朝的核心領土範圍。

有窮氏曾經代夏的政權。夏王姒太康在有窮氏首領后羿叛亂失國後，姒少康曾投奔有仍氏、有虞氏，有制，產生了階級，形成了國家。

為了進行有效管理，需要對佔有的區域進行分區分級，於是有了形成各種各樣行政區劃的可能性。但是，並不是產生國家的同時也必然出現行政區劃。

夏族與其他部落城邦的關係很多就像是宗主國與朝貢國一樣。但又有些方國是受夏朝廷分封的，就如同諸侯國，所以僅能以勢力範圍來表示其影響力。

方國是由原始氏族部落轉化形成的小型國家。這些邦國位於王城之外，不受夏王朝直接管轄。一些方國只是大的部族，在那裡承當牧正和庖正。牧正為牧官之長，負責掌管畜牧，庖正為庖人之長，負責掌管飲食。

有仍氏又名有任氏，居於山東濟寧微山湖畔，是太昊、少昊的後裔。有仍與夏後來往密切，之間有通婚現象，姒相的妻子緡就來自有仍氏。太康失國時，姒相被寒浞殺害前，妻子緡已懷孕，她避居故鄉有仍並生下姒少康。姒少康復國後，封有仍族人於任國。

有虞氏是中國古代五帝之一的舜帝部落名稱。活動於豫西北、晉南古汾水流域。舜年老時，認為兒子商均不賢不肖，所以禪位於禹。

禹曾經讓位於商均，但民眾紛紛擁護禹而不理睬商均，於是禹繼承了帝位，將商均分封於河南虞城附近。禹去世後，他的兒子啟得到了民眾的擁護，後來建立了夏。

啟成為中國歷史上由「禪讓制」變為「世襲制」的第一人。

有扈氏為夏之同姓部落。當時啟在接受帝位時，有扈不服，反對啟的統治，結果在甘之戰中失敗，其部眾被罰貶為牧奴，世代從事畜牧。

斟灌氏和斟鄩氏統稱「二斟」，與夏後同為姒姓，是夏代早期重要的親夏氏族。兩氏族在夏後氏的東南遷徙過程中與之融合，夏代晚期斟鄩之地更成為夏後的都邑，偃師二里頭遺址可能就是斟鄩。

有緡氏為少昊的另一支後裔，是夏晚期東方的強大方國。夏桀在有仍召開盟會，有緡首領因不滿桀的統治，結果被夏桀所滅。

有莘氏是帝嚳高辛氏的後裔，是夏王啟時的支子封國。夏商之際，在伊尹的幫助下，有莘氏與商湯在北亳結盟，商湯還從有莘氏娶妃。《山海經》之海外四經記錄了夏後氏周邊的許多方國「國」名。

閱讀連結

夏禹執政時期，國家日益富庶，九州所貢之金年年積多。夏禹想起從前黃帝軒轅氏功成鑄鼎，鼎成仙去，就命大臣施黯鑄九鼎。過了兩年，九鼎鑄成。

這九鼎即冀州鼎、兗州鼎、青州鼎、徐州鼎、揚州鼎、荊州鼎、豫州鼎、梁州鼎、雍州鼎。鼎上鑄著各州的山川名物、珍禽異獸。

九鼎象徵著九州，其中豫州鼎為中央大鼎，豫州即為中央樞紐。大禹把九鼎集中到夏王朝都城陽城，各方諸侯朝見時要向九鼎頂禮膜拜。從此之後，九鼎成為國家最重要的禮器。

▋商代區域劃分與人口

■商朝第一位君主商湯畫像

商代是中國歷史上第二個奴隸制國家。商朝的建立者是湯，去世後被諡為「成湯」。商朝又稱「殷」、「殷商」，它從西元前一六○○年至西元前一○四六年，前後相傳十七世三十一王，至商紂王時被周武王所滅，延續六百餘年。

從商湯立國到武丁中興，商王國一步步發展起來，成為「邦畿千里」的大國。

商代把管轄區域分為畿內和畿外兩大部分。畿內是商王朝直接統治的部分，畿外是眾多方國分佈的地區。還透過「登人」的辦法對人口進行有效管理。

先商時期，商族為夏後氏的諸侯，商族首領稱作「商侯」。晚商時期，商的勢力範圍北至遼寧，南至湖北，西至陝西，東至海濱。

除了包括夏所屬長江以北的湖北、河南、安徽、山東、河北、山西、京津和江蘇、陝西的一部分，還有遼寧、甘肅、湖南、浙江和四川的一部分。為當時的一個大國，但主要治理區域還是中原一帶。

商代曾經多次遷都。商湯建國時，最早的國都在亳，即現在的河南洛陽。在以後三百年當中，都城一共搬遷了五次。這是因為王族內部經常爭奪王位，發生內亂；再加上黃河下游常常鬧水災。

從商湯開始傳了二十個王，王位傳到盤庚手裡。盤庚為了改變當時社會不安定的局面，把都城遷到殷，就是現在的河南安陽小屯村。此後兩百多年，一直沒有遷都。所以商代又稱作殷商或者殷。

商代首先針對王都及王畿的地域進行行政區劃。王畿指王都周圍千里的範圍。

商王朝對王都和王畿這些直接控制地區進行了行政區域的劃分：都城稱作「邑」或「商邑」。在都城之外三十五

古代戶籍：歷代區劃與戶籍制度

上古時期 裂土分茅

公里至五十公里範圍內，屬於商王直接控制的區域，稱作「蒿」、「鄙」、「奠」。邑、蒿、鄙、奠此四地在《尚書·酒誥》中稱之為「內服」。

邑在這裡是指國都、京城，如商都稱為商邑；蒿即郊，國都百里之內為郊，離國都二十五公里的地方叫近郊，五十公里的地方叫遠郊；鄙指的是郊野之處，邊遠的地方；奠即甸，指的是天子所轄的以都城為中心的兩百五十公里範圍內的地方。

商代方國的行政區劃和商王畿基本一致，也是由邑、奠或鄙組成，這是商代行政區劃的一個顯著特點，也是商代集權國家的一個重要表現。

方國或方國部落是指中國夏商之際時的諸侯部落與國家。

現今學者對這些方國的認識主要來源於商代晚期的殷墟遺址出土的甲骨卜辭，卜文中多以「某方」的形式稱呼這些部落國家，所以稱作「方國」。

狹義的方國僅包含那些稱為「某方」的國，而廣義包括所有的與中原王朝對稱的國。

多數方國規模較小，僅僅是一些原始的氏族部落，但還有少數方國規模較大，已經具備了完善的國家機構。如羌方這樣的方國，甚至達到了能與當時中原共主王朝平等抗衡的規模。

商代方國使用的名稱，是商族給這些方國附上的他稱，其中與商族敵對的方國的名稱多為貶稱，而與商族友好的方

國的名稱多為中性名稱。各方國根據與商王朝的關係分為敵對、臣服和時服時叛三類。

《尚書·酒誥》指出，商代有內服、外服之分。內服是商王直接統治的王畿地區，外服是分封給方國的封地。只是依據遠近表示小諸侯應盡的義務和待遇，所以不能算地方行政區。只有商王直接統治的疆域內，才算是行政區劃開始的標誌。

總之，在當時，商代就是一個大的部落聯盟。一個部落的人們聚集在一起後，建立了城郭，就是城池。一個城池一個部落。那時沒有劃分行政區域，只有地盤的概念。更沒有所謂的縣、村的概念。

至於商代對人口的管理還談不上有「戶籍制度」。雖然商代沒有人口調查制度的具體記載，但有學者從甲骨文的祭祀卜辭牲用資料中間接算出晚商人口，大約在五百萬至七百萬人之間。商代的人口管理在甲骨文中有些記錄。有人據此認為，中國歷史上最早對人口進行管理的記錄應當從商代開始。

《柏根氏舊藏甲骨卜辭》、《殷契粹編》和《殷墟書契後編》等卜辭表明，商王是最高軍事統帥，有時親自出征。王室婦女，如商王武丁的配偶婦好，也曾率軍出征。

土方是殷代北方距離商王畿較近的一個部族，屢屢侵奪商地居民，曾進入商東部劫掠兩個居民居住地，武丁就出兵征伐土方。

出兵就要先徵兵。《殷墟書契後編》中說：「登人三千呼伐土方。」「王登人五千征土方。」看來商王武丁每次征伐土方都全力以赴，出兵最少也是三千人，最多一次徵發達五千人。

這些戰鬥大多是由武丁親自率領和指揮的。武丁用兩三年時間消滅了土方，土方之地也成為商代領土。武丁經常到這裡視察，卜辭上叫做「王省土方」。省就是視察的意思。

武丁時的「登人」，幾乎都以人丁為計算單位。在甲骨文中經常出現「口」、「人」等字，而沒有「戶」、「家」的說法。

因此，當時「登人」的主要目的是為了徵集兵丁、組建軍隊以滿足戰爭的需要，還不具備後代戶籍制度所具有的多重功能。但有理由認為，商代人口管理是向戶籍制度邁進的第一步。

閱讀連結

商王盤庚是個能幹的君主。他為了改變當時社會不安定的局面，決心再一次遷都。可是，大多數貴族貪圖安逸，都不願意搬遷。

盤庚面對強大的反對勢力，並沒有動搖遷都的決心。他把反對遷都的貴族找來，耐心地勸說他們。

由於盤庚堅持遷都的主張，挫敗了反對勢力，終於帶著平民和奴隸，渡過黃河，搬遷到殷。在那裡整頓商代的政治，使衰落的商代出現了復興的局面。

周代疆土區劃和人口

■西周奠基者周文王畫像

西周是中國第三個也是最後一個世襲奴隸制王朝。西周的建立者是姬發。西周政權的存在時間為西元前 1046 年至西元前七七一年，共傳十二王，歷時兩百七十五年。

周代把疆域劃分為與諸侯共管的不同土地，具體說來，就是將王都以外的地區，按其與王朝的關係以及離王都的遠近劃分為幾個大區域的一種制度。

周代建立了較為嚴密的人口調查制度，對人口數目進行經常登記與管理，把人口登記當成一種制度，表明周代建立了初具規模的人口調查活動。

建立周代的周人，起源於今陝西省武功一帶，原為商代西部的一個方國，後遷居於岐山下的周原。周人從周文王開始沿渭河向東發展，廢除了商代在關中的勢力，遷都於豐，即今西安市西南灃河西岸。

古代戶籍：歷代區劃與戶籍制度
上古時期 裂土分茅

周武王即位，又將國都東遷於灃河東岸的鎬，即今西安市西南鬥門鎮一帶。數年後滅商，控制了商代統治區。

周武王去世後，周公東征，相繼征服了商代殘餘勢力和東方諸小國。周代的疆土大於商代。

在推行分封制以後，周代的疆土東至現在的山東半島；東南至現在的長江下游和太湖流域，勢力所及還可能到達了巴蜀一帶；南至漢水中游；西至現在的今甘肅省渭河上游；西北至現在的汾河流域霍山一帶；北至現在的遼寧朝陽一帶。

周王朝控制的領土內，並不是連成一片的，除了荒地外，還雜居許多夷狄和方國。在其周圍同時也存在許多部落、部族和方國。如東北的肅慎，內蒙古東南部和山西北部的鬼方，西有犬戎、羌方，江漢平原有荊楚，荊楚以西為蠻族，西南有巴、蜀，淮泗之間的淮夷、徐夷等。

行政區劃是國家為了進行分級管理而實行的國土和政治、行政權力的劃分。從這個意義上講，周代的分封制雖然只是鬆散的臣屬關係，但已經具有行政區劃的意義，只是還處於萌芽階段。

周代實行的是典型的封建制。「封建」就是「封土建國」，即天子把自己直接管轄的王畿以外的土地，分封給諸侯，並授予他們爵位，諸侯再分封貴族，諸侯和貴族在自己的領地上有相當的自主權。分封的目的是讓他們建立封國和軍隊，保衛中央。

西周初期，經過了周武王和周公兩次大的分封。周武王滅商後，就開始分封，所封有下列國家：

封神農的後代於焦，黃帝的後代封於祝，堯的後代封於薊，舜的後代封於陳，大禹的後代封於杞，師尚父封於齊，周公封於魯，周召公封於燕，叔鮮封於管、叔度封於蔡，同時封商紂的兒子武庚於殷。

這些人都是先賢聖人的後代或是周的功臣、子弟及殷商的後代。

西周建立兩年周武王就去世了。他的兒子周成王年幼繼位，由周武王的弟弟周公旦代理政事，這種做法稱為「攝政」。被分封的管叔、蔡叔和霍叔稱為「三監」，他們對周公旦攝政不滿，便散佈謠言，說周公會對成王不利，又慫恿武庚共同起來叛亂，史稱「三監之亂」。

周公親自領兵東征對付三監，用了三年的時間，才把亂事平定下來。後來他在洛邑即今河南省洛陽營建東都，並將其作為統轄東部地區的政治和軍事中心。又把參加武庚叛亂的商遺民遷到那裡，而且派駐重兵加以監管。周公又制訂禮樂制度，藉以維繫國家和社會的秩序。

周公平定了三監之亂，實行第二次封建。目的是分化殷地遺民，防止殷民再次起來叛變；鞏固周代的統治，作為王室的屏藩；擴大統治範圍，加強對地方的控制。

第二次封建時，周公把殷人舊地分封為宋、衛二國，以方便統治；大封親屬和功臣，作為王室的屏藩。

特意把第一次封建的一些封國向東移，部分更遠至東方海邊，借此擴大統治範圍，並將殷人的封國包圍其中，以防其再生叛亂。其中如將姜尚之子呂伋封在山東的齊，周召公

古代戶籍：歷代區劃與戶籍制度
上古時期 裂土分茅

之子封於燕，加強對東方的控制。以後周王也進行過分封，但都規模不大。

周武王和周公共分封了七十一國，其中姓姬的諸侯佔了五十三個。經過周代初期的兩次分封後，就形成了以王畿為中心，眾多諸侯拱衛周王室的一個局面。

王畿是周王室統治的中心地區，周武王時已經計劃將周的王都建於洛水與伊水之間的地區，但沒有來得及興建就去世了。

周公東征以後，按武王的計劃修建了洛邑，把那些商遺民遷移到這裡，加以監視。又在附近建王城，以軍隊駐守，作為朝會東方諸侯的東都。這樣，西起岐陽，東到圃田，所謂渭、涇、河、洛地帶，都成為周的王畿。

西邊的關中平原，以鎬京為中心，是周人興起的地方，稱宗周。東面的河洛地帶，以東都王城為中心，是保衛宗周和鎮撫東方的重鎮，稱成周。東西連成一片，長達上千千米，王畿的政治經濟和軍事力量都有顯著的增強，成為控制全國的基地。

周代在甸服王畿之外有侯服、賓服、要服和荒服。侯服就是指諸侯國所分佈的地區，侯服之外，就是一些關係比較疏遠的舊國或其他少數民族部落。

周代所分封之貴族進駐所封區域後，首先是建立一個軍事據點，這樣的據點稱之為「城」，也稱之為「國」。而「國」之外廣大區域稱之為「野」。

王朝的畿內和諸侯國都有這種國野之分，也就是鄉遂之別。王畿以距城五十公里為郊，郊內為鄉，郊外為遂。王朝六鄉六遂，大國三鄉三遂。

　　西周時期，周天子尚能號令諸侯，進入東周，周王室權威下降，諸侯多不履行對王室的義務，反而進行擴張兼併。

　　周代已經建立了了人口調查機制，這是全國戶籍登記制度的雛形。西周時創建的人口登記辦法比較完善，人口調查的內容也是相當完整和豐富的，在很多具體項目上與現代人口普查極為相似。

　　據《周禮》記載，周王朝分別在國野實行鄉遂制度對人口進行地域劃分：「令五家為鄰，五鄰為里，四里為酇，五酇為鄙，五鄙為縣，五縣為遂。」

　　另據《周禮·秋官·司民》記載：當時設立的掌握戶籍的官職「司民」，把滿八個月的男孩和滿七個月的女孩稱為「生齒」，將他們按不同性別登記於冊，即「書於版」，並分城鄉進行人口統計。

　　這是目前已知中國最早的城鄉人口登記。還要每年對人口的出生和死亡進行登記，以掌握自然變動情況，並且每隔3年還要進行一次人口調查核實，即「大比」，陰曆十月時上報。

　　能夠發現的中國首次人口調查見於西元前七八九年，是在太原進行的規模較大的人口調查。周宣王時的太原就是現在的甘肅鎮原、固原和環縣一帶。在當時，周宣王敗於姜氏之戎後，曾「料民於太原」。料民就是人口登記、人口清查。

古代戶籍：歷代區劃與戶籍制度
上古時期 裂土分茅

　　西周雖然有了一整套戶口登記與戶籍管理制度，但由於西周實行分封制，王室所掌握的戶口僅限於王畿。王畿以外的廣大地區，各諸侯國自有其戶籍制度。故而，西周王室也就不可能有比較準確的戶口統計，這也就是周宣王要「料民」的原因。

　　《周禮》所反映的周代人口管理情況，說明和反映了中國古代管理戶籍的思想和實踐，很早已經萌芽。

閱讀連結

　　周武王姬發滅商後幾天，登上小山俯瞰商的都城朝歌，見朝歌建築雄偉，心想：如此強盛的商代，僅僅延續了數百年之久，只是因為商紂王失去了民心，頃刻之間就被滅亡；而周還剛剛立國，反對、敵視它的人還很多，危機四伏，禁不住憂心忡忡。

　　為了鞏固和擴大周的勢力，周武王以公、侯、伯、子、男等爵位進行分封，被分封的有同姓宗室子弟，有異姓功臣宿將，還褒封神農、堯、舜、禹及商湯的後代。周代共分封七十一國，姬姓獨居五十三人。

春秋戰國行政區劃

■春秋第一霸主齊桓公

　　春秋時期，簡稱「春秋」，屬於東周的前半期，指西元前七七○年至西元前四七六年這段時間。春秋時的東周王權旁落，虛有其名，實權全在勢力強大的諸侯手上，諸侯爭相稱霸，持續了兩百多年。這些諸侯國在新開闢的疆土上不再進行分封，而是開始建立了縣、郡等行政區劃的單位，透過分級管理，進行有效統轄。

　　春秋時期的郡名還很少見，當初主要為滿足軍事防衛的需要，各國諸侯開始在邊遠地區置郡，由君的重臣率軍駐守；戰國時代，郡的設置增多。縣和郡的出現，標誌著中國行政區劃的真正開始。

　　縣的設置起源春秋時期的楚國。在當時，周代的諸侯國息國號稱千乘之國，北結齊鄭、南抗荊楚。春秋初期為楚文王所滅。

古代戶籍：歷代區劃與戶籍制度

上古時期 裂土分茅

　　據《左傳·哀公十六年》記載，約西元前六八〇年，楚文王在息國設縣，這是見於記載的楚設縣和縣置尹之始。從此，息縣成為楚國向北擴張的重要據點和穩定的兵源地，使楚國的軍事實力大為增強。

　　楚國初創的縣制有這樣一些特點：首先，楚王對縣公、縣尹有任命與調遣的權力。它不是世襲之官。其次，楚王可以直接從縣邑徵集軍隊。息縣之師戰鬥力較強，人數較多，在楚國爭霸中原之際提供了強有力的支持。還有，楚王可以直接從縣邑徵集賦稅。縣邑是楚王的直屬轄地，也是徵收賦稅的基地。

　　由此可見，楚國創立縣制，是把地方的政治、經濟、軍事權力都集中到國君的手中。為全國的政令統一與中央集權開創了歷史的先例。正由於楚文王重視縣制的建設，他不僅統一了南國山河，更融合了邊疆數十個部族，為華夏的大一統，作出了不可磨滅的貢獻。

　　至春秋中期，楚國新設的縣已經多了起來。楚國縣的長官稱為縣公，也稱為尹。楚縣長官之所以稱為公，是和楚國的官制分不開的。楚國的高級官吏大都稱為尹，如令尹就是楚國最高官職，其次尚有左尹、右尹、箴尹、連尹、宮廄尹等。楚國縣尹的地位僅次於楚國的令尹和司馬，縣尹可直接升為司馬。

　　晉國設縣也較早。據《左傳·僖公二十五年》記載，西元前六三五年，晉國的趙衰在原這個地方做大夫，狐溱在溫這

個地方做大夫。晉稱縣的長官為大夫。原大夫、溫大夫即原縣、溫縣的大夫。當時還沒有「縣」的稱謂。

據《左傳·僖公三十三年》記載，晉文公執政時期的重臣先茅，是當時的軍事統帥，為晉國立下許多功勳，其家族因此飛黃騰達。

西元前六二七年，晉文公之子晉襄公賜封「先茅之縣」，先茅受賜之縣在今山西省平陸縣的茅津渡。這是晉國見於記載的設縣和置縣大夫之始。從此晉國有了「縣」的稱謂。

晉國在春秋中葉已較普遍地設置縣。當時晉國的常常作為私人采邑。比如晉平公時韓氏已有七個縣，羊舌氏已有兩縣，晉全國已有四十九個縣。縣之別於一般采邑者，大概比一般采邑大，出得起重賦。這裡「縣」與大家、強家互稱。

晉國對於他國來奔的人的賞賜，也以縣為單位，更可見晉在春秋中葉置縣的普遍。至春秋後期，不僅晉國國君已掌握有很多的縣，強大的大夫隨著權力的增大，也已轄有若干縣。

春秋初年，晉、楚等大國為了加強集權，強化邊地防守力量，往往把新兼併來的小國改建為縣，不作為卿大夫的封邑。

春秋時期的縣同卿大夫的采邑已有不同。卿大夫的采邑，只要不是奪爵滅宗，總是代代世襲的。縣大夫雖然也有世襲的，但它則經常更換。

　　此外，縣之不同於封邑者，就是縣內有一套集中的政治組織和軍事組織，特別是有徵賦的制度，一方面便於君權集中，另一方面又加強了邊防。

　　至春秋後期，隨著社會的變化，一些諸侯國出現了代表新興地主勢力的卿大夫。這些卿大夫就在他們的領地內推行了縣制，因而縣也就逐漸變成了一種地方行政組織。同時，由於縣的普及，原來國與野的分界，也在逐漸消失。

　　雖然戰國時期的縣已成為較普遍的地方行政區劃單位，不過這一時期的縣與以後的縣並不完全相同。

　　一是保留著分封制的殘痕，如君主可以把縣賜送給臣子，縣尹可以世襲等；二是縣的規模相差懸殊，大的如秦、楚滅了一國置一縣，甚至滅了陳、蔡這樣的中等國家以後也以一國置一縣；小的如齊國的縣，大致是一鄉置一縣。當然，那時最多的還是以一邑之地置一縣。

　　春秋戰國時期郡的出現，最早的關於郡的記載見於《國語晉語》。晉國公子夷吾對秦公子摯講，晉國猶如秦國的郡縣。這是西元前六五一年的事，說明秦國在西元前六五一年即春秋前期已置有「郡」。只是當時郡名還很少見。

　　郡一級行政區劃的設置，主要為滿足軍事防衛之需要，各諸侯國開始在邊遠地區置郡，由國君的重臣率軍駐守。郡的長官稱「守」，由諸侯國國君任免。

　　戰國時期，郡的設置增多。《史記·秦本紀》記載，西元前三二八年，「魏納上郡十五縣」。

西元前三一二年，趙惠文王於「攻楚漢中，取地六百里，置漢中郡」。

《史記·匈奴傳》說，「魏有河西、上郡」，「秦有隴西、北地、上郡」，趙國「置雲中、雁門、代郡」，燕國「置上谷、漁陽、右北平、遼西、遼東郡」。可見，戰國時各諸侯國已普遍置郡，且多置於各國的邊遠地區。

縣和郡均出現在春秋前期，但是設郡晚於設縣，而且在春秋時代郡的地位低於縣。這並不是縣大郡小的緣故，主要是由於郡置於比縣還遙遠的邊荒之處，地廣人稀，經濟開發程度低於縣，相對來說不如縣那麼富裕。郡、縣也就有了好、壞的分別。

戰國時代，七雄爭霸，遍地烽火，邊地和內地、荒僻地區和富庶地區的差異縮小，而且幾個強國不斷向外拓展，所以邊郡日益增大，地位不斷提高。邊地郡大，逐步地在郡下分置數縣；內地事多，在數縣之上逐步地置郡統轄，漸漸地形成郡統縣的兩級行政區劃。

戰國後期，郡縣制在各國已經較為普遍地實行。可是，在整個戰國時期，郡縣制始終是分封制的附庸，至秦始皇統一中國後，郡縣制才正式成為全國劃一的行政區劃。

因此從縱向角度來看，中國最早的行政區劃是郡縣制，它萌生於春秋，演進於戰國，正式確立於秦代。

閱讀連結

楚文王設置息縣之初，當時有人主張將息縣作為賞田，賞賜給那些有功勞的人。

但楚文王認為，之所以在息設縣，是為了收取賦稅，抵禦北方，要是作為大臣的賞田，楚國的財政就會受到影響。楚國設縣之後，朝廷稅收增加了。另外，楚國的國君有權調遣息縣的軍隊。當時從息縣徵兵組建的軍隊，是一支直屬於楚王的正規軍，戰鬥力非常強，在楚國爭霸過程中立下了功勳。楚文王設置的息縣，開啟了中國歷史上行政區劃的先河。

▋春秋戰國戶籍制度

■齊國上卿管仲畫像

春秋戰國時期處在中國歷史上承前啟後的重要歷史時期，由於經濟的發展和諸侯勢力的壯大，諸侯國之間的兼併戰爭頻繁四起。戰爭需要有兵源的保證，各諸侯國為了擴大兵源，增加賦役收入，穩定社會秩序，紛紛建立嚴格的戶籍

登記制度，即「書社制度」和「上計制度」。「書社制度」是：百姓二十五家為一社，「社之戶口，書於版圖。」

「上計制度」是：郡、縣長官每年於年底前將下一年度的農戶和稅收的數目作出預算，書之於木券上，呈送國君，然後由中央部門進行計劃。

春秋戰國時期雖然戰亂不斷，但各國諸侯出於圖強稱霸的需要，有相當數量的君主注重發展經濟生產，鼓勵生育。如越國被吳國打敗後，注重經濟發展，農業技術和糧食產量有了提高；鼓勵生育，人口得以恢復發展。

在人口增長的情況下，如何進行人口管理，是當時各諸侯國都非常重視的問題。

從廣義上講，春秋戰國時期的郡縣制度也是一種戶口編制。當時設置縣、郡是為了便於分級管理，以滿足軍事和財政的需要。

在實施郡縣制的過程中，人口登記和戶口管理方面的制度也就逐漸完善起來了，先後建立起嚴格的戶籍登記制度，即「書社制度」和「上計制度」。

書社制度是地方官員向朝廷申報一社治狀的制度。就是百姓二十五家為一社，社之戶口，書於版圖。因書其社之戶口於籍，故稱「書社」，又稱為「里社」。

春秋戰國時期，這種以「書社」形式編制的戶籍已經相當普遍。齊、楚、魯、鄭等國先後採用了「書社」這一戶籍制度，並為此進行了人口和土地調查。

古代戶籍：歷代區劃與戶籍制度

上古時期 裂土分茅

　　齊國進行人口、土地調查時，齊桓公用管仲為相進行改革。在採取「相地而衰徵」的徵稅制的同時，實行制國、制鄙和「正戶籍」制度。

　　「相地而衰征」就是把田地按土質的好壞、產量的多少，分為若干等級，按等級的高低徵收數量不等的租稅。

　　制國、制鄙，即改西周的鄉遂法為軌里連鄉制：國都以五家為軌，十軌為里，四里為連，十連為鄉；野鄙以六軌為邑，十邑為卒，十卒為鄉，三鄉為縣，十縣為屬。制國為二十一鄉，制鄙為五屬。

　　同時，對軌、里、連、鄉中的士農工商分別設官管理。「士」的原意，係專指一些文武兼備、尤擅拳勇的人；至戰國時期，才有不善拳勇的專門文士出現。對士設官管理，採取的辦法是把過去的社會基層組織的邑、里正式編製為地方行政區域。

　　「正戶籍」的辦法，據《荀子·國蓄篇》記載，就是不管房舍、六畜、田畝、人口、戶數都列入戶籍清冊。這種戶籍的編制，後來在鄭國和秦國則具體為什伍組織的制度。

　　楚國的人口、土地調查始於西元前五八九年，楚共王實行「大戶」，即清查戶口，在清查中還區分負債、鰥老、貧民及罪民戶。

　　西元前五四八年，楚康王又實行了「書土田」，「量入修賦」，即把全國土地分別加以測量，定出產量標準數，根據土地的收入制訂應賦的車馬、兵卒、甲盾等的數目，書寫成冊上報。

魯國的人口調查主要是與之有關的「初稅畝」，始於西元前五九四年。初稅畝就是對土地調查後，不論公田私田一律按畝徵稅。

　　西元前四八三年又「用田賦」，調查佔有田畝數及收入，據以收賦。

　　魯國的初稅畝再一次表明：中國作為一個以農業為主要生產事業的農業大國，絕大多數的人口是農業人口，戶籍管理必然要與土地賦役有著密切的聯繫。

　　鄭國在西元前五四三年實行「廬井有伍」，也是將人口調查和土地調查結合起來，把井田作廬舍的私田，每五家編一伍，制訂戶籍，記錄在冊。

　　關於春秋戰國時期各國重視人口管理的情況，我們還可以從考核官僚的上計制度中找到證明。

　　「計」是指包括統計與會計在內的經濟計算。西周的司會「主天下大計」，即主管天下的經濟計算;而在經濟計算中，統計計算起組織與綜合作用，所以當時的經濟計算基本上是一種統計計算。

　　上計制度基本上是一種統計報告制度，就是官吏將一年的預算收入，以及戶口、墾田、庫藏的增加等事項，事先寫在木券上，然後剖而為二，國王執右券，臣下執左券，年終上計時，國王根據原券考核實征數目，決定官職的升遷。

　　在上計制度中，對戶口的考察一直是對官吏進行考核的一個重點。

古代戶籍：歷代區劃與戶籍制度
上古時期 裂土分茅

春秋戰國時期，齊、魏、秦等國均已推行了上計制度。郡縣長官在每年年終時，將該郡縣下一年度的民戶、墾地和稅收等預算寫在木券上，送呈國君。等到下一年度終了時，國君考核郡縣上報的預算執行情況，決定升降賞罰。

齊國的政治家管仲認為，系統、周密的國情調查提綱。為了治理國家，就需要有組織、有系統的進行國情調查，掌握各方面的數據。

因此，管仲擬定了極其詳細的國情調查提綱，其所列的調查項目近七十項，其中屬於人口方面的項目就有近四十項。

人口調查工作展開以後，春天登記人口，夏天要核實人口，秋天再普遍調查人口，登記人口的出生與死亡等。

魏國的李悝以典型的農民家庭調查為例，對其全年的家庭收支進行了具體分析。採用了實物與貨幣兩種計量單位，以利於綜合分析；應用了平衡法、估算法與復合分組法。透過調查，就基本上可以認識一般農民家庭的收支情況，給人們以深刻的認識。

秦國的商鞅創建了以「令民為什伍」等為內容的較為完備的戶籍管理制度。「令民為什伍」，就是把國中所有人口，按五戶為一伍、十戶為一什的辦法編制起來，每伍之中，設一伍長，每什之中，設一什長，平時為民，戰時即為兵。

伍、什就是軍隊中最基層的建制。

在「令民為什伍」的基礎上，商鞅把李悝的《法經》搬到秦國，並根據人口調查登記的資料，編制戶籍制度。這一方法，為秦國及其以後的歷代封建王朝所推行。

齊、魏、秦等諸侯國透過清查登記人口並實行管制，一方面真實地瞭解了國力；另一方面也限制了人口流動，防止人口流失，從而保證了兵役和賦稅源源不斷。

閱讀連結

　　西周分封的上百個諸侯國中，齊國是面積最大，人口最多，城池最多的國家。從此開始，直至秦滅六國前八百年的時間裡，齊國一直是中原人口最多的大國。

　　齊國如果和當時的楚國相比，論面積，楚國地處蠻夷之地，人口稀少，農業落後；論人口，齊國地處中原，人口興旺，土地肥沃，農業發達，人口要遠遠多於楚國。

　　正因為齊國有這樣的人口優勢，所以齊桓公在西元前六五六年率兵伐楚，楚國臣服，最後完成九合諸侯，一統天下的霸業。

古代戶籍：歷代區劃與戶籍制度

中古時期 建章立制

中古時期 建章立制

秦漢至隋唐是中國歷史上的中古時期。

由於這一時期經歷了幾次大的新舊王朝更替,所以在行政區劃上變化極大。不僅顯示了各個政權的疆域變化,也在建制上多有沿革,道、府、州、縣等無不納入其中,形成了層級明確的行政區劃管理體系。

這一時期的戶籍制度,隨著行政區劃的變化而日趨完善。秦漢以後的戶籍制度大體上是一種固有模式的沿襲,但隋代整頓戶籍的舉措和唐代將戶籍與土地緊密銜接的做法,更加完善了戶籍制度。

▌秦代在全境推行郡縣制

■秦始皇畫像

秦朝的建立者是嬴政，也就是「秦始皇」。其政權存在時間是西元前二二一年至西元前二〇六年。秦代是中國歷史上最早在全境推行「郡縣制」的朝代。秦始皇統一天下後，採納廷尉李斯的建議，徹底廢除分封制，建立郡縣行政區劃制度，並將這一制度推行到全國。

秦代共設有三十六郡，後來增加至四十六郡。郡下轄縣，郡守與縣令由皇帝直接任命。郡縣制強化了中央對地方的直接控制。這是郡縣制在中國確定的一個標誌。

秦代又稱秦國，是中國歷史上第一個以漢族為主體、多民族共融的統一的中央集權制國家。秦國的疆域東至遼東，西至甘肅、四川，北至陰山，南至越南北部及中部一帶，西南至雲南、廣西。

擁有遼闊國土的秦始皇在中央設三公九卿，在地方建立行政區劃制度，設郡縣並任免官吏，從而建立了一套從中央到地方的垂直管理行政體系。

　　秦國行之有效的行政區劃制度的建立，是和它的歷史與現實的各方面因素分不開的。

　　首先，春秋戰國時期，郡縣制的初步形成和推行，為秦國推行郡縣制奠定了政治基礎。尤其是西元前三五〇年的商鞅第二次變法，在秦國成功推行縣制，建立了行之有效的分級行政制度，收到了加強管理、保證兵源和稅源的效果。

　　秦國在兼滅六國的戰爭中，需要對一些新攻佔的地區設郡縣來加以管理。郡縣制在春秋戰國的部分實踐，事實上，就為秦代推行郡縣制奠定了政治基礎。

　　其次，先秦時期的法家思想，奠定了秦代推行郡縣制的思想基礎。秦國以法家思想的核心，確定了依法治國的方略。

　　而郡縣制本身就體現了法家的中央集權思想，有利於中央對地方的管理。因而，以李斯為代表的法家，極力推崇郡縣制。經過兩次廷辯，更加堅定了秦始皇堅持法家思想，選擇郡縣制的決心。

　　最後，秦國空前擴大的疆域，為秦代推行郡縣制提供了現實可能。只有加強中央對地方的有效管理，才能維護國家的穩定。而郡縣制的特徵之一，就是要建立中央對地方的垂直管理體系，這正符合了秦國的現實需要。事實已經證明，郡縣制就成了秦國的必然選擇。

　　建立什麼樣的地方行政機構，這在秦統一六國之後是經歷了一場激烈爭論的。以丞相王綰為首的群臣，主張沿用周代以來的封國建藩制度，分封諸皇子為王。他們的理由是有利於統治新征服的六國地區。而廷尉李斯則力排眾議，主張廢除分封諸侯制度，全面推行郡縣制度。很顯然，李斯的主張符合專制皇權和統一的要求，因而得到了秦始皇的採納。

　　秦國建國之初，分天下為三十六郡；其後南並五嶺以南的南越地區，置南海、桂林、象郡三郡，北取陰山以南之地，設置九郡，之後陸續分出東海、恆山、濟北、膠東、河內和衡山等郡，最後增加到了四十六郡。

　　郡是朝廷轄下的地方行政單位，其組織機構與朝廷略同，設郡守、郡尉、郡監，郡監或稱監御史。

　　郡守也稱太守，為一郡之長，由國君直接任免；邊地多為武將，內地多以郎官出任。郡守的權力非常大，除了由朝廷直接任免的縣令縣長、負責監察郡治的監御史、負責統領駐軍與管理治安的郡尉三者外，郡的其他官員均由郡守自行任免。

　　郡尉掌郡駐軍，主管治安和偵緝盜賊。郡尉直轄於朝廷，與郡守相抗禮。郡尉屬官有丞，內地諸郡設丞一人，大郡則設兩人。邊塞諸郡則每百里置都尉一人，都尉轄士史、尉史各二，掌邊塞衛戍；關隘之處置關都尉，均隸屬本郡郡尉。

　　郡監隸屬御史中丞，負責監察郡守與其他官員。

　　縣是郡的下級行政機構。各郡所轄的縣，據專家考證如下：

內史約含四十個縣；北部雲中、雁門、代郡、上谷、漁陽、右北平、遼西和遼東八個郡，以及西北部九個郡、上郡、北地和隴西四個郡，每郡平均轄十五六個縣，共近兩百個縣；內地各郡及南方諸郡近三十個郡，每郡轄二十五縣，共七百個縣左右。由此算來，秦國的縣的總數當在一千個左右。

縣是秦代統治機構中關鍵的一級組織，是從朝廷至地方機構中具有相對獨立性的一個單位。內地設縣，邊地少數民族地區設道。

縣的長官稱縣令或縣長。滿萬戶以上的縣設縣令，不滿萬戶的設縣長。他們都由朝廷任命，主要任務是治理民眾，管理政財、司法、獄訟和兵役。郡守每年對他們進行考核和檢查。

縣以下還設有鄉、里和亭。鄉和里是行政機構，亭為治安組織。

鄉設三老、嗇夫和游徼。三老掌教化，嗇夫掌訴訟和稅收，游徼掌治安。人口達五千人的鄉，由郡指派一人為有秩；不足五千人的鄉，由縣指派一人為嗇夫。兩者職責相同，都是調解鄉里糾紛、幫助朝廷收取賦稅、安排徭役。

鄉以下為裡，是秦國最基層的行政單位。里設里正或里典，其職能除與鄉政權職能大體相同外，還有組織生產的任務。

此外，還有司治安、禁盜賊的專門機構亭。秦規定，兩亭之間相隔五千米，設亭長。亭遍佈於城鄉各要地。

古代戶籍：歷代區劃與戶籍制度
中古時期 建章立制

　　秦國這套從中央到地方的統治機構，管制有明確的職責分工，既相互配合，又彼此牽制，統治機構的最高統治權掌握在皇帝一人手中，最終確保了朝廷統治者的專制統治。這套金字塔般統治機構的建立，標誌著封建專制主義中央集權制度的確立。

　　秦國的郡、縣劃分，不僅注意了社會、經濟的發展情況和不平衡性，而且較充分地考慮了自然條件，使行政區盡可能地與自然地理單元相吻合。如珠江三角洲設南海郡，太原盆地置太原郡，南陽盆地置南陽郡，渭河平原置內史等。

　　秦時政治、經濟和文化的中心在黃河流域，該地域經濟較發展、人口較稠密，因此設的郡多。

　　而淮河、秦嶺以南地區，當時多草茅之地，人口稀少，因而設置較少。

　　郡縣制與分封制的最大不同是郡守和縣令都由皇帝直接任免，從根本上否定了分封制，是中國古代國家制度的一大進步，也是中央集權制度形成過程中的一個重要環節。

　　秦國推行的郡縣制，改變了先秦時期的官吏世襲制度，郡縣制的全面推行，對中央加強對地方的控制和管理，鞏固國家的統一，促進社會經濟與文化的發展，都起了重大作用。

閱讀連結

　　秦國滅亡六國後，六國舊地歸屬於秦，按照秦國的官制，新來的縣令以及縣的主要官僚，由秦國朝廷直接任命，不用當地人，屬下的官吏，則在當地人中推舉考選任命。

40

秦國郡縣小吏的選任，有多種途徑，可以由軍隊的軍吏轉任，可以由地方依據一定的財產和行為標準推薦，也可以透過考試選拔。透過推薦和考試來選拔小吏，為當地人蔘與當地政權打開了門戶，也為一般的編戶齊民進入政權開通了機會。

秦代比較完備的戶籍制度

■秦始皇嬴政

中國的戶籍制度在戰國時代已逐步形成。當時秦國在秦獻公時即以五家為單位，編造戶籍進行管理，秦王政時，戶籍已記載戶口姓名、年齡、土地等情況。

秦始皇統一中國後，採納了更加嚴密的戶籍管理措施，進行什伍編制，詳細登記每個人的相關內容，並根據不同人員確定不同類別的戶籍，從而使戶籍制度更加完備。秦代戶

籍制度，是秦國徵發徭役的基礎和徵收賦稅的依據。這一制
度，對於鞏固秦王朝的集權制度起了槓桿般的作用。

秦統一全國後，形成了嚴密的戶籍管理辦法。在理論上，
國家是戶籍的管理者，然而在實際執行中僅靠為數不多的地
方官員對人口實施具體管理，往往難以達到有效管理的目的。
因此，秦代朝廷利用社區組織加強控制，進行什伍編制，並
規定人口遷居應請求地方官吏「更籍」。

秦的社會組織相當嚴密，早在商鞅變法時就按軍事組織
把全國官吏和庶民編制起來，五家為伍，十家為什，不準擅
自遷居，相互監督，相互檢舉，若不揭發，十家連坐。

秦統一後，將什伍編制推廣到了全國，並加入一些新的
規定，長期堅持下來。比如規定，不論男女出生後都要在戶
籍上列名，死後除名。遷徙時必須報官，方能轉移戶籍，稱
為「更籍」，這一措施有助於進行有效管理。

另外還規定，凡有兩個男勞力以上的家庭都必須分居，
獨立編戶。這就是說，夠年齡的就要結婚生子，繁衍人口。
讓一般平民建立一夫一婦的小家庭，是秦的戶籍制度的一大
特徵。

什伍編制是秦代朝廷對基層社會的人口管理形式，使得
國家的賦稅、徭役政策落到了實處。

秦代戶籍登記內容，包括有戶主姓名、身分、年齡、籍
貫、身體特徵、祖宗三代出身情況及家內人員與財產類別，
以及身高的記錄等項內容。所有這些內容，也是為了對民戶
加強管理和便於徵發兵役、徭役及徵收賦稅服務的。

秦代要求在戶口冊中必須寫明戶主的姓名、籍貫、身分及其家內人口的情況。秦簡《封診式》簡文的《有鞫》一目，講到男子某受到審訊時，供稱他是「士伍，居某里」；然後由審訊機關去查證其姓名、身分、籍貫是否屬實，謂之「定名、事、里」。

　　「名、事、里」是當時法律中的專門術語。這個例子證明，個人基本情況中的某些內容是秦代戶口登記時必須填寫的。

　　戶主及家內成員的年齡和健康狀況，也必須在戶口冊中註明。由於當時有詐老、詐小或以健康人充作殘廢人登記的情況存在，所以秦統一中國後規定：百姓登記戶口時不許弄虛作假。也就是說，在年齡和健康狀況等方面必須如實登記。

　　秦代還規定必須在戶籍中註明其祖宗三代的出身情況，否則不許為官。當時對於商賈之家、開客店人員、入贅女家的人，以及為人繼父者，雖然不許他們同一般平民一樣立戶，卻有特殊的戶籍，而且其內容需要載明其祖宗三代出身情況一目。

　　另外，另立市籍的商人，必須註明其本人為商人及父母為商人等情況。

　　對家庭財產與類別，也要記入戶口冊。秦簡《封診式·封守》講到有關官府查封被審訊者的家財時，其中包括被審訊者的家室、妻、子、臣妾、衣服、器用和牲畜，還有一間堂屋，內間臥室，皆用瓦蓋、木構齊備及門前桑樹棵數等記錄。

　　此外，秦始皇於西元前二一六年規定「黔首自實田」，田地本身就是資產的一部分，顯然也與當時的戶口冊登記內容有關。土地載於戶籍，使國家徵收租稅有了主要依據。

　　秦代人的身高也是秦代戶口冊要記錄的內容之一。如《封診式》的《封守》，講到沒收被審訊者的家財時，還有「子小男某高六尺五寸」的話；《倉律》講到隸臣妾時，也有「隸臣、城旦高不盈六尺五寸，隸妾、舂高不盈六尺二寸，皆為小，高五尺二寸，皆作之」的規定，都反映了秦代戶籍有關於身高的記錄。

　　秦代的民戶戶籍，可分為兩種情況，一為秦國境內土生土長的民戶；二為相對於土著居民的外來人。

　　秦代的土著居民中，除了秦國本地人外，還包括商鞅變法時招徠的三晉之民，秦簡《法律答問》中稱這種從外地遷入秦境內的人口為「臣邦人」。在「臣邦人」之中，又依據其不同情況而被區分為「真臣邦」與「夏子」兩類。

　　所謂「真臣邦」，就是其父母都是臣屬於秦國的外邦人，以及出生在他國而隨父母入秦定居者；所謂「夏子」，就是秦人與「臣邦人」的混血兒。

　　既然秦的法律把秦的土著居民區分得如此清楚，而且有不同的地位與待遇，於是在平民戶籍的大類別上，就出現了「真臣邦」與「夏子」的劃分。

　　秦代除了有一般的民戶戶籍外，還有其他不同類別的特殊戶籍。包括官吏的「宦籍」，官吏子弟的「弟子籍」，有

爵者的「爵籍」，屬於王族的「宗室籍」，屬於賈人的「市籍」以及其他賤口的戶籍等。

「宦籍」是官吏另立戶籍的制度，始於商鞅變法之時。爵制實行後，出現了尊卑等級的情況。由於商鞅變法中有獎勵軍功的規定，所以所有因軍功獲爵而為官者，是有其特殊的戶籍的。

「弟子籍」在秦簡《除弟子律》中是關於任用官吏子弟為官的法律。官府有官吏弟子的專籍，而且同委任他們為官吏有著密切關係。秦時為官吏子弟設置的弟子籍，既有被任用為官的權利，又有某種免役的特權。

爵籍因為屬於有爵位的人，所以享有一定的特權。秦簡諸法律簡文，多處講到各種擁有不同爵級者所應享受的傳食、減刑和豁免等特權。可見有爵者有不同於平民的特殊戶籍。

秦置二十級爵，以賞軍功。國家按人們的爵級賜給田宅，高爵者還可以得到食邑和其他特權。爵級載在戶籍，所以戶籍也是人們身分的憑證。

宗室籍為王室宗族另立的戶籍，享有各種特權，屬於真正的特權階層。

市籍是商賈的戶籍。秦時施行「重農抑商」政策，凡在籍的商賈及其子孫，與罪吏、亡命等同樣看待，都要服徭役。

至於其他賤口的戶籍，包括入贅女家、繼父等身分卑賤的人，他們是在平民戶籍之外另立戶籍的。統稱之為不同於平民戶籍的特殊戶籍。

如上可見，秦國的戶籍制度日趨嚴格和完備，不僅確定了戶口的什伍編制方式，制訂了戶主申報和審查核實的登記戶口的模式，還對戶口登記的具體內容有一定的規格，又按不同情況區分了各種不同的戶籍。

閱讀連結

二〇〇二年，考古學者在湖南省湘西土家族苗族自治州龍山縣裡耶鎮一所廢棄的古井中，意外發現了三萬七千枚秦代簡牘。

經過解讀，其中記錄著秦時人口的所在地、家庭身分、出生地區、爵位、姓名等訊息。還有家庭中的男性、女性及其旁系親屬的排列，以及臣妾和私家奴婢等。甚至包括如同現在的「流動人口」等也被戶籍制度所管理。

有學者認為，這些簡牘不僅具有秦代實物戶籍簡的價值，更是研究秦代戶籍制度和家庭歷史不可多得的第一手資料。

▌兩漢時期州郡縣三級建制

■漢高祖劉邦畫像

　　漢朝的建立者是劉邦，是繼秦朝之後強盛的大一統帝國。漢朝共歷四百多年，包括西漢和東漢。兩漢時期的行政區劃承襲了秦制，基本上實行的是郡縣制，但漢代又有一些新的變化。漢代的州的出現，表明中國的行政區劃演進到了一個新的階段。

　　西漢時，由於社會文化和民俗等背景和政治形勢，第一次出現了州郡縣三級建制。

　　在東漢時期，基本沿用了西漢的郡縣製為實體、州刺史部為監察的體制，只是對州有合併和改名的方式。

　　漢朝是古代中國史上空前強大的帝國，其疆域鼎盛時期，東至臨屯郡，西至蔥嶺，南至日南郡，北至五原郡、朔方郡，面積廣達六百萬平方公里。

古代戶籍：歷代區劃與戶籍制度

中古時期 建章立制

　　面對歷史上前無古人的遼闊疆域，漢武帝劉徹除了增設郡縣外，還建立了刺史制度，十三個刺史各負責本部即一個地區的若干郡國，進而形成了刺史部或「州」的概念。

　　西漢開國皇帝漢高祖劉邦鑒於秦王朝孤立而亡的教訓，分封了一批諸侯王，但同時又沿襲了郡縣制，使西漢前期的行政區劃出現了一種封建制與郡縣制並立的局面，稱「郡國並行制」。

　　雖然之後漢高祖透過各種途徑除去了韓信、英布等大部分的異姓王，但仍設立了九個劉姓諸侯王以為朝廷之援。

　　隨著時間的推移，各諸侯國實力強大，有獨立的軍事政治體制與職權，而且多數跨數郡之地，大者甚至有四至六郡。天下六十餘郡，有四十餘郡在各諸侯王手中，而漢天子所掌握的郡尚不足四十。

　　於是，漢武帝透過「推恩令」等措施，削減諸侯王國轄區，侯國從此不得超越一郡之制。而且諸王的軍政權力也被剝奪，僅保留其在封地內的財政收入，而侯國內高級官員改由中央指派，實際與各郡縣的郡守和縣令無異。

　　漢武帝時期，武功鼎盛，國土大幅擴展。據《漢書·地理志》記載，西漢在元封年間，有一百〇三郡，下轄「縣、道、國、邑，千五百八十七」。

　　據《二十二史考異》中根據郡、國所轄的縣統計，西漢實有縣級行政單位一千五百七十八個，其中包括一千三百四十四個縣、一百八十八個侯國、三十個道、十六個邑。王莽時，全國一百二十五郡，國下領縣、邑兩千兩

百〇三個。東漢永和五年時全國一百〇五個郡，國下轄「縣、邑、道、侯國千一百八十」，較西漢末幾乎少去三分之一。

《漢書·地理志》無記載的郡國，包括衡山郡、象郡、東陽郡、蒼海郡、珠崖郡、儋耳郡、真番郡、臨屯郡、汶山郡、西海郡和太常郡。這些郡、國部分是秦置，後來被廢除，或是西漢後期設置，或只是短時間存在過。

郡、國是西漢的一級行政區，郡的最高長官稱郡守，後改稱太守。國的最高長官稱「相」。縣是第二級行政區劃，除一般的縣外還有侯國、太后公主等的湯沐邑和在少數民族聚居區設立的「道」。萬戶以上的大縣的長官稱縣令，萬戶以下小縣的長官稱縣長。

在中國行政區劃中真正出現「州」一級，始於漢武帝。《漢書·武帝紀》說，西元前一百〇六年「初置刺史，部十三州」。漢武帝用《禹貢》《職方》中冀、兗、徐、揚、荊、豫、幽、並、梁、雍、青這十一個州名置刺史部。

其中，把梁改為益、雍改為涼，加上新開闢的邊地「南置交趾、北置朔方」兩個刺史部，共為十三刺史部，又名十三州。

應當指出的是，這時的州刺史僅代表漢王朝監察所轄的郡、國，並無固定駐所，還沒有形成行政區劃的某一級別。

此外，漢代還設西域都護一職，它是漢代西域最高軍政長官。西域都護府設在烏壘城，即今新疆巴音郭楞蒙古族自治州輪台策大雅南。其主要職責在於守境安土，協調西域各國間的矛盾和糾紛，制止外來勢力的侵擾，維護西域地方的

社會秩序，確保絲綢之路的暢通。「都護」統管著大宛以東、烏孫以南的五十多個國家。

東漢的行政區劃基本沿用西漢的郡縣製為實體、州刺史部為監察的體制。郡國是東漢的地方行政制度，郡、王國、屬國同為一級地方行政區劃。

郡國的設置比較穩定，郡國的名目和領域的變動幅度較小。《續漢書·郡國志》所載一百〇五個郡國可作為東漢時期行政區劃的代表。這些郡國是從西元二年西漢平帝時的一百〇三個郡國發展、演化而來。

東漢郡縣多因襲西漢舊制，邊郡沒有大的增減，但東漢時郡的治所和轄區稍異於西漢，但邊郡領縣則較西漢驟減一百多，係在光武時廢去，以東北、北方、西北諸邊郡省並為甚。河西四郡和西南、南方邊郡領縣不見減少。西南有哀牢內屬，增設永昌郡。

東漢地方行政區劃中的王國承西漢之制，為皇子封地，由相治理，相之地位同郡太守。諸侯王不治民，唯衣食稅租而已。東漢地方行政區劃中的屬國初置於西元前一二一年，是邊郡管轄下的一種特殊行政區，專為安置少數民族而設。

至漢安帝時，遂以屬國為相當郡一級的行政區劃，由某些邊郡分離遠縣置之，領域比郡為小，冠以本郡名，如蜀郡屬國乃分蜀郡西部四縣而置。屬國轄境多為少數民族聚居地，其行政長官為都尉，「治民比郡」。

「州」作為行政區劃，在西漢時期萌芽，到東漢宣告形成。州是漢代監察區名，又稱部。東漢對州稍有變化，如改交趾為交州，改涼州為雍州，還廢朔方歸入並州等。

　　東漢在全國設十三州，一州所轄郡、國多少不等。每州設刺史或州牧一人，巡察所屬郡、國，督察郡、縣官吏和地方豪強，糾舉不法，彈劾汙吏。各州或置牧，或置刺史，以資望輕重為轉移。至此，中國地方行政由原本的郡縣兩級制度變為州郡縣三級制。

　　總之，漢代的行政區劃承襲了秦制，基本上實行的是郡縣制。與秦王朝不同的是漢代有郡、國並存的局面，漢代的縣級區劃單位的形式多樣化，除縣以外，還有邑、道、侯國。

閱讀連結

　　漢武帝在中國歷史長卷中留下了輝煌的篇章。他建立政權，開疆擴土，顯示了超凡的文治武功。西元前一一一年，漢武帝命伏波將軍路博德、樓船將軍楊僕等率師平定南越之亂。西元前一一〇年，漢武帝在海南設置珠崖郡、儋耳郡。

　　珠崖郡治所在瞫都縣，即今海南海口市遵譚鎮；儋耳郡治，今海南儋州市三都鎮，領縣有儋耳、至來、九龍和樂羅。屬交趾刺史部。珠崖郡和儋耳郡的設置，實現了漢王朝中央直接對海南的管理。

▋漢代戶籍制度及演變

■漢高祖劉邦塑像

　　漢高祖劉邦統一天下後，採取了一系列安定社會秩序的措施，其中最重要的一項就是恢復和整頓戶籍制度。漢初曾設置計相主管全國的戶籍登記、彙總和上報等工作，制訂了「編戶齊民」的戶籍制度。同時還規定了有關賦稅和婚姻家庭等方面的內容，從而使戶籍管理制度日趨完備。

　　漢代的戶籍制度，是中國古代比較完整有效的人口管理制度。它透過戶口登記以實現對人口狀況的掌握。各級地方政府在戶口登記的工作結束後，對登記的戶口資料進行統計和總結，編制戶籍簿，逐層上報到朝廷，由此形成了上計制度。

　　西漢政權建立之前，就已經做好繼承秦的戶口版籍的準備，及西漢政權正式建立，多承秦制。但漢代的戶籍制度，也有不同於秦制的地方，具有漢代的特點。

西漢初年，為保證賦役制度的實行，丞相蕭何在《法經》六篇的基礎上增加了三篇，其中就有《戶律》篇，特別規定了戶籍、賦稅和婚姻家庭方面的內容。

《戶律》規定：編入戶籍的人員包括自耕農、傭工、僱農等。規定凡朝廷控制的戶口都必須按姓名、年齡、籍貫、身分、相貌、財富情況等項目一一載入戶籍。

正式編入朝廷戶籍的平民百姓，被稱為「編戶齊民」。編戶齊民具有獨立的身分，依據資產多少承擔國家的賦稅和徭役。

漢代的戶籍制度有戶等的劃分。漢代戶籍分為一般平民的編戶籍和其他各種特殊戶籍。編戶籍又根據財產的差別分為上、中、下三等；僕人和奴婢是不立戶籍的，只附掛在主人戶籍中。

漢代的戶等劃分，大致可區分為「細民」或「小家」、「中家」與「大家」三個等級。三等的劃分，大體系依據資財多少，但又不十分嚴格，且無明確的劃分標準與界限。

大體言之，其資財在三萬以下者，屬於「細民」或「小家」；「中家」的財產標準有可能是四萬錢以上到十萬錢；「大家」的至少在十萬錢以上。其實這只是個籠統的富家與貧民的區分，並無嚴格意義的戶等之分。

漢代劃分戶等是依徵收「訾算」制度進行的。漢代實行根據財產納稅的制度，所納之稅叫做「訾算」，也叫「算訾」。

《漢書·景帝紀》記載了西元前一四二年的訾算辦法，當時漢景帝對按納「訾算」多少任用官吏的制度進行改革，把

原來納「訾算十始得官」，改變為「納訾算四便可為官」。「訾算十」為家財十萬錢，「訾算四」為家財四萬錢。

漢景帝之所以降到「訾算四」，以「中家」的最低財產為標準，目的是扶植家財較少的廉士有做官的機會。這一規定，成為了劃分戶等的依據。

漢代戶口冊的內容方面，雖有和秦制相同的地方，但也有發展與變化，甚至不同的「名籍」有不同的登記內容。

像上述依據「訾算」制度劃分的戶等，要求載明戶主姓名、年齡、籍貫、職務、爵級、各項家財的類別名稱和估價，特別要突出家財類與估價，有的還要求寫明家庭人口數量。

不論各類不同名籍的用途與要求如何不同，它們都作為名籍的一種，都有共同的內容必須寫明，這便是上述各類名籍中的姓名、籍貫、爵級、住址、年齡等項。這是不可缺少的，也是其他名籍所必備的。

關於漢代遷移戶籍的制度，居延漢簡為我們提供了這方面的材料。漢簡中有一個典型的戶籍遷移案例，大意是說：漢哀帝西元前二年，廣明鄉的嗇夫名客者，同假佐名玄者報告上級，說善居里男子丘張，自稱其家在居延都亭部買了一份客田，因而請求遷移到居延。經過查問，丘張等人的更賦已經完納，可以開具證明移居居延。

這說明，漢代「鄉嗇夫」和其助手「假佐」，是掌握一鄉戶籍大權的官吏，百姓要遷移戶籍，必須經過「鄉嗇夫」的批准，並由「假佐」辦理遷移手續。

遷移者首先自己提出申請，說明遷移理由。像丘張一樣
有田地在居延，請求遷到居延就近耕作，理由無疑是正當的
和充分的。

　　遷移戶籍的申請能否獲得批准，還有一個重要的條件，
就是遷移者必須繳納了更賦。一經批准遷移，就由所在鄉給
被遷住的鄉開具證明，遷移方為有效。

　　由此可證，當時凡申請遷移戶籍者，必須有正當理由，
而且要經過批准，開出證明，方為有效。這顯然是秦的更籍
制度的發展。

　　為了健全和維護戶籍制度，漢代採取了一系列對戶口進
行調查和核實的辦法，也實行了各種措施。

　　一是實行案比戶口措施。案比又稱「案戶比民」，目的
是清理戶籍和人口，是漢代的戶口登記與核查，這是戶籍管
理的基礎，也是最重要的一項工作。即把戶口按什、伍組織
編制起來，並審閱他們的面貌同所登記的年齡和健康狀況等
是否符合。漢制，每縣設戶曹，掌戶口之政，於每年八月案
比戶口。一年一度的案比戶口，實為核查戶口及管理戶籍的
有效措施。

　　二是在案比戶口後實行造籍。造籍時，必須選用字跡清
楚的人進行抄寫。由於書寫如此重要，所以能書會計的人可
以獲得「勞賜」的低級官吏。

　　三是每年將戶籍層層上報，接受朝廷的檢查，謂之「上
計」。上計制度使朝廷對全國的人口狀況能夠有一個總體的

瞭解和把握，為朝廷實施相應的人口管理政策提供了重要依據。

春秋戰國時期就有「上計制度」，漢代的戶籍已成為上計的重要內容之一，它是中央督促各郡國縣道重視人口的增減和檢查戶籍制度實行情況的一種手段。

四是利用「賜民爵」制度，引導流民重新佔籍。從漢惠帝時開始，就實行普遍給天下民戶主賜爵的制度。

到東漢時又給流民欲佔籍者賜爵，其目的在於以賜爵的榮寵使流民穩定下來，不隨便脫籍流亡；已經脫籍的也樂於再佔名籍，藉以維護和鞏固戶籍制度。

總之，漢代戶籍制度中的戶等劃分、登記內容、戶籍遷移相關規定，以及調查核實戶口辦法的實施，表明中國戶籍制度有了進一步的完善和發展。

閱讀連結

西漢賜爵較秦為寬，凡國家有喜慶之事，均施恩賜爵。如漢惠帝即位，賜民爵1級。

凡官至中郎、郎中做滿六年的，加爵三級，做滿四年的加爵兩級。外郎滿六年兩級，中郎不滿一年一級。宦官尚食賜爵如郎中。太子御驂乘賜爵五大夫，舍人做滿五年者加兩級。

總觀西漢一代賜爵達二十次，僅宣帝一朝就達十餘次，可見西漢賜爵範圍之廣、次數之多了。由於實行「賜民爵」

的辦法，許多流民歸籍，以期獲得賜爵之榮，朝廷借此維護和鞏固了戶籍制度。

▌魏晉南北朝的州郡縣制

■曹魏政權的締造者曹操畫像

　　魏晉南北朝，全稱三國兩晉南北朝，是中國歷史上一段特殊的時期。這一時期，封建國家分裂，政權交替頻繁，行政區劃從常規到嬗變，各割據政權紛紛增建州郡縣，劃定勢力範圍，加強行政管理。

　　三國時代，曹魏、蜀漢、東吳大致繼承東漢的疆域及政區制度，均實行州、郡、縣三級制。西晉保留了三國時期的州制，州以下分郡、王國，有大國、次國、小國三種類型。

　　在東晉和南北朝時期，出現了僑置政區，有僑州、僑郡和僑縣，這是一種特殊的行政區劃制度，在後在來很少採用了。

　　三國分為曹魏、蜀漢及孫吳三國。這三國大致繼承東漢的疆域及政區制度，為州、郡、縣三級制。州設刺史或州牧。郡設太守。縣大者置令，小者置長。三國又根據自己的情況各自劃分了一些地區。

　　曹魏的疆域主要在曹操時即大幅發展，至曹丕稱帝建國後定型，約佔有整個華北地區。大致是北至山西、河北及遼東，與南匈奴、鮮卑及高句麗相鄰；東至黃海；東南與孫吳對峙於長江淮河一帶及漢江長江一帶，以壽春、襄陽為重鎮；西至甘肅，與河西鮮卑、羌及氐相鄰。西南與蜀漢對峙於秦嶺、河西一帶，以長安為重鎮。

　　曹操以司隸校尉所轄地區置司州，這是十三州中最後正式命名的州。司州轄三輔、三河，以及弘農等七郡。司隸校尉的屬官有參軍、都官從事、功曹從事等。司州的設置在曹丕稱帝之後延續了下來。

　　司州之外，曹操還沿漢制，將所控制的幽、涼、兗、冀、並、徐、青、豫、雍九州，再加上只佔據部分郡縣的荊、揚兩州，合司州為十二州。刺史改州牧是州的最高行政長官。

　　曹魏對於蜀漢控制的益州、梁州與東吳控制的揚州、荊州、交州也分別任命刺史，史稱「遙領」。遙領的制度蜀漢、東吳也存在。

　　曹魏的州以下為郡。郡置太守一人為行政長官。邊郡太守往往加將軍號以領軍。郡以郡丞為副長官，邊郡稱長史，兼本郡中正。郡都尉為本郡軍事主官，內郡置一人，邊郡、大郡置二人並增置司馬一人。

太守屬官有功曹掾，五官掾、上計掾、門下掾、文學掾、文學祭酒、督郵、主簿、主記、門下書佐、綱紀、循行等。都尉屬官與太守同。

郡以下為縣。縣按所轄人口多寡分三等。高者置縣令一人，丞一人，尉二人；次者置縣令一人，丞、尉各一人，低者置縣長一人，丞、尉各一人。縣的屬吏有各類掾史祭酒。縣之下置鄉，鄉置有秩、三老各一人。較小的鄉置嗇夫一人。

蜀漢為劉備所建，其疆域北與曹魏對峙於秦嶺，漢中為重鎮；東與孫吳相鄰於三峽，巴西為重鎮；西南至岷江、南中，與羌、氐及南蠻相鄰。

蜀漢置司隸校尉，但僅為加官虛銜，遙領司州，無具體職責，張飛本兼此職，後由諸葛亮繼任。益州初置牧，管轄益州範圍內軍民政務以及下屬各郡縣，由諸葛亮兼任。諸葛亮死後，廢牧置刺史。

蜀漢也置刺史遙領。荊州、雍州刺史時置時廢。主要的地方官也就是益州刺史，其屬官最多，有治中從事、別駕從事、功曹從事、議曹從事、勸學從事、典學從事、部郡從事、督軍從事等。

州以下置郡、郡置太守、都尉。犍為郡置屬國都尉，牂柯郡置五部都尉，陰平郡有關都尉，巴東郡置江關都尉。郡吏可考者有功曹掾、史、五官掾、師友祭酒、督軍從事、門下書佐、主簿等。縣鄉建制等與東漢無異。

孫吳的疆域北與曹魏對峙在長江淮河一帶及漢江長江一帶，以建業、江陵為重鎮；西與蜀漢相鄰於三峽，西陵為重鎮；東及南至東海南海，其中最南達現在越南的中部。

孫吳原有三十二郡及荊、揚、交三州。於西元二二六年設置廣州，後併入交州。至西元二六四年復設，共增加一州。州屬官見於文獻記載的，僅有部郡從事、師友從事和大中正。

郡設太守、都尉，所屬有功曹掾、門下書佐、門下循行等。縣以下的制度略如東漢。東吳爵祿的制度也不發達，唯置王、侯二等爵，無祿。

西晉承襲曹魏領土，統一後領有孫吳疆域。疆域北至山西、河北及遼東，與南匈奴、鮮卑及高句麗相鄰；東至海；南至交州；西至甘肅、雲南，與河西鮮卑、羌及氐相鄰。

西晉行政區劃，繼續承襲了東漢末年奠定的州、郡、縣三級制。晉武帝結束了三國時期近百年的戰亂，於是對天下州郡重新進行合併劃分，但是基本保留了三國的州制，對於原蜀漢和遼東等較難管控的地區實行進一步的劃分，建立了十九個州。西元二九一年分荊、揚州地設江州，西元三〇七年分荊、江州地設湘州，至此共二十一州。

晉武帝為防止野心世族篡位，制訂分封制，依人口多寡封國諸王，有大國、次國、小國三種類型。但諸王僅得租稅，王國如同郡縣。諸王的軍權，主要來自鎮守之地。郡、王國以下為縣。縣大者置令，小者置長。至於公國、侯國，其地位同縣。

東晉所據疆域，完整者只有揚、荊、江、湘、交、廣六州而已，其他如豫州、徐州只佔一部分，至於司、兗、梁、益、寧等州則數度出入。東晉的州郡增減變化甚大。

東晉政區襲承西晉，也是實行州郡縣三級制。但是其州郡越分越多，轄區縮小。西晉末年，大量流民南渡。東晉朝廷為了安撫僑民及僑姓世族，以原籍州郡縣名寄治別處，而無實地。這就是僑州郡縣制，是中國行政區劃歷史上一個特殊的現象。

南北朝的行政區劃和東晉一樣，實行州、郡、縣三級區劃，南北朝政權將自己沒有統治的州郡也常常在境內設置。

南朝將東晉的僑州郡縣實施土斷，使其州郡領有實地，戶籍和賦役與一般州郡縣相同。在六世紀南梁和北魏設置州的數量越來越多，導致州的實質與漢晉時代的郡基本相同。

閱讀連結

蜀漢時期，南中各地首領擁兵自重，野心膨脹，進而藉機發動叛亂。對此，諸葛亮有深刻認識，為了穩固蜀漢政權在南中的統治，削弱地方豪強勢力，他對南中郡縣進行調整。

將南中由原來的四郡擴編為七郡，並對郡縣進行細分，調整郡縣長官，使他們彼此牽連，相互制衡。

此外還有計劃地將「勁卒」、「青羌」遷徙到巴蜀等地。郡縣調整和民族遷徙等措施，極大地削弱了南中豪強的實力，有利於南中的穩定和蜀漢中央政權的統治。

▌魏晉南北朝戶籍制度

■晉武帝司馬炎畫像

　　魏晉南北朝時期，由於戰爭連綿，人口耗損，民戶流失，戶籍制度徒有虛名，各政權不得不對戶籍制度進行相應的調整，即實行黃籍和白籍的戶籍制度。黃籍是這一時期規範的戶籍冊子，並且已經制度化、法典化。

　　在黃籍中，除了少數世族、地主享有免稅免役的特權外，絕大多數是必須服役納稅的編戶齊民和其他勞動者，他們是沒有特權的。

　　而白籍是中原人口南下避亂出現的戶籍，實屬臨時性的戶籍管理措施。

　　魏晉南北朝時期，實行黃籍、白籍戶籍制度。黃籍是江南土著戶的版籍，是納稅服役的實籍戶籍。白籍是中原南渡

人口僑寓戶的戶口冊。在這兩者之中，黃籍是這一時期規範的戶籍冊子。

在南朝境內有大量北來僑民，他們的戶籍與土著居民不同，係用白紙製成。因此戶籍就分為兩種，即用黃紙製成的土著居民的戶籍和用白紙製成的僑民戶籍。人們為區別這兩種戶籍，始以紙色對它們命名：前者稱黃籍，後者稱白籍。

黃籍的主要內容涉及戶主的各方面訊息，包括姓名、年齡、家庭成員與戶主之間的關係、性別、戶口總數、男女口別，健康狀況、死亡情況等。除了這些情況外，還有一些特殊內容。

由於東晉南朝的士族享受免役優待，而士族的身分，主要決定於是否做過官及和哪些人家通婚，所以在黃籍上也要註明這兩方面的情況。黃籍上還要登記民戶門第等級。黃籍上民戶的門第主要分為兩大等級：一為免役的士族，另一為承擔力役的役門或稱三五門。

魏晉南北朝各代都規定，官員可以佔有若干戶佃客作為自己的合法蔭戶。蔭戶只向其主人繳租，不向國家服役納稅。為了確認蔭戶的這種依附地位，在黃籍上也要登記，只不過他們沒有獨立的戶籍，他們的戶籍是登記在主人戶籍的後面，稱為附籍。

北魏在南北朝時期是個頗有政績的政權，比如北魏孝文帝改革，對於促進民族融合是有很大貢獻的。北魏的戶籍制度同樣值得一提。

　　北魏推行均田令以後，土地制度和賦稅方式都發生了大變化，這自然要引起戶籍制度的變動，到西魏蘇綽當政時，就逐漸地形成了一套新的計帳戶籍制度。其形式及內容，大致記載有關人口、賦稅、土地等情況。

　　在戶口方面，包括戶主及家庭成員的姓名、生年干支、年齡、現任官職；家庭成員之間的相互關係；基於丁中制的丁、中、老、小、黃的劃分；家庭成員的死亡、出嫁情況；奴婢的姓名、性別、年齡；附載牛的顏色和大小等。

　　在賦稅方面，包括課戶、不課戶和上、中、下戶等的劃分；全家人口的集計，下分為出除人口和見在人口，見在人口又分為課口和不課口；全家應納租、布、麻若干，並分別標明良、賤、牛繳納的數量等。

　　在土地方面，包括受田的丁男、丁妻、丁婢的口數；應受田若干、未受田若干，受田中麻田、正田、園宅各若干，受田率是足或幾分未足；受田人所受各段土地的畝數、方位及四至等。

　　計帳戶籍制度在內容上的特點，是戶籍和均田制度以及與之密切聯繫的賦役制度相結合。但在戶籍、均田、賦役三者中，戶籍居主導地位。

　　魏晉南北朝時期的白籍，是中原人口南渡後出現的戶口冊。後來由於戰亂，中原的士大夫階層和居民紛紛南下，但是這些北方士人仍懷念中原故土，希望東晉、南朝朝廷有朝一日收復中原後返歸故里。

所以他們在當地朝廷的批准下僑居南方各州、郡、縣，因是暫居戶口，所以稱為「白籍」。由於在白籍上注籍的人免除正常賦役，所以在白籍上登記的事項可能較黃籍少一些。

　　隨著時間的推移，「白籍」戶數口數的迅速增加，特別是這些僑居之戶已經有了家業和收入，此時逃避賦稅負擔，是朝廷不能容忍的。因此就實行土斷，即大規模的檢索戶籍。

　　土斷的結果使各僑居的郡縣多被合併。北方南下的僑寓戶從此開始土著化，黃籍與白籍一視同仁，都必須服役納稅，以其現居地為桑梓之鄉。

　　至於十六國北朝的戶籍制度，由於十六國北朝也實行士族制度，這在戶籍上應該有反映。但因為這方面的戶籍史料都屬殘卷，上面登記的民戶都不是士族，所以關於這方面的記注就無法見到了。

　　魏晉南北朝時期的戶籍制度，除了上面介紹的黃籍、白籍等普通民戶戶籍這一類之外，還有特殊民戶戶籍的一類，主要有兵戶、僧尼戶、奴隸戶、雜戶等。他們的戶籍和普通民戶不屬於一個系統，國家統計戶口，一般不包括這些特殊身分的人。

　　魏晉南北朝實行世兵制度，兵戶子弟要世襲當兵，身分低於一般民戶。所以他們不編入一般的民籍，要另立兵籍。

　　魏晉南朝的史籍中，有不少免兵戶為民戶的記載，就說明那時兵、民是分籍的。在十六國時期，各國也多推行世兵制度。

　　需要說明的是，魏晉南北朝除世兵外，也招募大量自耕農參軍，這一部分人因不是世襲兵戶，所以不入兵籍而仍隸屬於民籍。

　　魏晉南北朝佛教盛行，在北朝屬於佛教寺院的還有僧只戶和佛圖戶。管理僧眾之官，南朝有僧正，北魏初立監福曹，又改為昭玄，備有官屬，以斷僧務。僧曹之長初名道人統，後更名沙門統，又有都維那。州有州統、州維那，郡有郡統、郡維那。僧尼及寺院之依附人口，當由僧官管理。

　　《歷代三寶記》稱北周武帝滅佛，「三方釋子，減三百萬，皆復軍民，還歸編戶」，可證南北朝之僧尼及寺院之依附人口皆不屬一般民籍，而另有戶統。

　　北魏曾仿照魏晉多次推行屯田制度。魏晉的屯田戶是由屯田官府直接統領的，北魏也如此。所以在戶籍上就有了屯田戶。

閱讀連結

　　《晉書·禮志》中記載有一個故事：東晉南平郡陳詵先娶李氏為妻，李氏被賊人掠去後，陳詵又娶嚴氏為妻。後來李氏被賊放回，陳詵在戶籍上注有兩個妻子。

　　在生活中，李氏和嚴氏因在家庭中的身分地位發生了爭執，官府認為：陳詵在妻未死的情況下，只能納妾，不能娶妻。他在戶籍上注有兩個妻子，是特殊情況所致，非故意犯法，可以不問。但嚴氏的地位只能是繼室，而李氏為原配，應該列名黃籍。

由此看來，當時的戶籍內容管理是很嚴格的。

隋代地方行政的二級制度

■隋文帝楊堅畫像

隋文帝楊堅結束了南北朝分裂局面，建立起一個大一統王朝隋朝。時間從西元五八一年至六一九年。隋代行政區劃，在該朝短暫的歷史中仍發生兩次重大變化，一是實行州縣二級制，二是實行郡縣二級制。從宏觀上看，隋代是中國歷史上行政區劃沿革中重要但是相對不成熟的一個過渡階段。

隋文帝楊堅統一天下後，鑒於從東漢末年開始的州郡縣三級制已經混亂不堪，廢除天下郡制，改為州縣二級制。

隋煬帝楊廣繼位後，將所有的州改為郡，實行郡縣二級制，從形式上恢復到了秦代時的架構。

隋文帝楊堅建國後勵精圖治，隋王朝的政治、經濟和軍事力量日益強盛，終於使秦漢以來的疆域又逐步得到了恢復。

古代戶籍：歷代區劃與戶籍制度

中古時期 建章立制

　　隋代初期地方行政機構除州、郡、縣以外，還有兩類機構，一是行台省，二是總管府。

　　行台省全稱行台尚書省，相當於中央尚書省在地方的派出機關。總統某方面的軍政事務，凡管轄內的州縣皆受其節制，勢權極重。

　　西元五八二年，隋置河北道行台於並州，以當時晉王楊廣為尚書令，置西南道行台於益州，以蜀王楊秀為尚書令，置河南道行台於洛州，以秦王楊俊為尚書令。

　　行台省的主官是尚書令，次官為左、右僕射任置。其下置兵部尚書、度支尚書及丞各一人，都事四人。又有考功、禮部、膳部、兵部、駕部、庫部、刑部、度支、戶部、金部、工部和屯田等侍郎各一人。

　　每行台還置食貨、衣圃、武器、百工監、副監各一人。總管府是隋初依北周舊制置於諸州的行政單位，分為上、中、下三等，總管刺史加使持節，掌一州或數州的軍政事務。

　　其中，統轄數州及至數十州的俗稱大總管，如秦王楊俊為並州總管，管二十四州諸軍事，後改授漢王楊諒。楊俊轉任揚州總管，鎮廣陵，管四十四州軍事。蜀王楊秀為益州總管，管二十四州諸軍事。楊廣做晉王時曾奉命統九十路總管，領五十一萬大軍伐陳。

　　到了南北朝後期，州、郡、縣三級行政區劃制度十分混亂，很多地方郡一級形同虛設。面對這種局面，隋文帝採納河南道行台兵尚書楊尚希的建議，於西元五八三年果斷地「罷天下郡」，實行以州領縣的兩級行政區劃制度。

西元五八九年，隋文帝在平定南朝後主陳叔寶以後，將州縣兩級行政區劃制度推行至全國。這樣，東漢末年以來一直沿用的州、郡、縣三級行政區劃制，被調整為州、縣兩級行政區劃制，但實行的依然是州制。

西元五九三年，隋初本領有南中地區，在設南寧州總管府於味。至隋文帝末年，全國有兩百九十七州一千三百四十八縣。

西元六〇四年七月，隋煬帝登基後並省了一部分州，復改州為郡，以郡統縣，恢復秦制，實行郡縣二級制。

西元六〇五年，隋朝在南方設置比景郡、象浦郡、海陰郡等三郡，其中海陰在西漢日南郡南。早在南朝梁陳之際，南嶺俚族首領洗夫人受到海南島儋耳人的歸附。由於洗夫人對隋朝的效忠，使隋朝順利地管轄海南島，設置珠崖郡與儋耳郡。

雖然隋代實行的是二級行政制度，從形式上恢復到了秦代與西漢的架構，但實際上天下的郡數已經遠遠超過了秦時郡的數目，達到了鼎盛時期的一百九十郡。

隋朝廷無法同時高效管轄和兼顧到近兩百個一級行政單位，所以，隋煬帝效仿漢武帝設置監察州監督各郡職務，監察州置刺史，輔官有長史、司馬等。當時隋代有冀州、兗州、青州、徐州、豫州、揚州、荊州、梁州及雍州等監察州。

隋代在各諸侯王封國置國官，有令、大農、尉、典衛、常侍等。稱州時，各州置刺史，輔官有長史、司馬等；稱郡

時，各郡置太守，輔官有郡丞、郡尉、郡正等。州郡下有縣，
各縣置縣令，輔官有縣丞、縣尉、縣正等。

隋代效仿九品官人的做法，在行政區劃上也按照各州或
郡縣情況劃分九等，按照級別不同職官人數品級等都有區別。

隋煬帝楊廣執政時，疆域為隋代最盛時期。版圖在東北
地區，隋朝邊界固定在遼河一帶。在北方，隋代佔領了河套
地區，把邊界擴展到五原、定襄等陰山以北之地，降服突厥
啟民可汗。在西域地區，隋朝取得伊吾郡，隋煬帝楊廣攻滅
吐谷渾，取得青海一帶領地，於河西走廊設置鄯善、且末、
西海和河源四郡，深入青海湖及西域東部。

閱讀連結

隋文帝楊堅在立國之初，就對地方機構進行了改革。他
將原來比較混亂的地方官制，從州、郡、縣精簡為州、縣兩
級，撤銷境內五百多郡。同時，裁汰了大量冗官，將一些郡
縣合併。

為了更好地行使權力，管理地方，隋文帝下令，九品以
上官員一律由中央任免。官吏的任用權一概由吏部掌握，禁
止地方官就地錄用僚佐。

每年都要由吏部進行考核，以決定獎懲、升降。後來，
又實行三年任期制。這些措施，提高了行政效率，也減輕了
人民的負擔。

▌隋代的戶籍制度改革

■隋文帝楊堅石刻像

隋文帝完成統一後，為確保國家對人口的控制，進而保證朝廷有效集中全國財賦，進一步鞏固和強化中央集權，隋初對戶籍制度進行了有效的改革。這就是「大索貌閱」與「輸籍定樣」。

大索貌閱是整頓戶籍、核實戶口的舉措。也就是根據人的相貌來檢查戶口，看是不是隱瞞了，或者報了虛假年齡。輸籍定樣則是在大索貌閱的基礎上確定戶口數，編制「定簿」，以此為依據來收取賦稅。

透過這兩項措施，從豪強士族手中把大批戶口收歸朝廷管理，有效打擊了兼併勢力。

隋文帝楊堅的開皇初年，隋朝戶口僅三百八十萬戶，在此後不到三十年的時間裡，戶口激增了一倍有餘，達到了

古代戶籍：歷代區劃與戶籍制度
中古時期 建章立制

八百九十萬戶。之所以出現這種情況，主要原因在於隋文帝採取了「大索貌閱」和「輸籍之法」影響深遠的政策。

魏晉南北朝以來，戶口的流亡和混亂是隋代財政的極大隱患和威脅。與隋代密切相關的魏晉南北朝時期，是中國歷史上人口流亡和戶籍混亂最嚴重的時期。

而人口的流亡和戶籍的混亂，不僅使國家在冊戶口急遽下降，勞動人手嚴重不足，而且給國家財政造成極大的困難。

隋建國之初，戶口隱漏情況日趨嚴重，國家所能直接掌握的勞動力減少，嚴重削弱了朝廷的力量。

戶口是隋代租調賦役制度的基石。隋朝建立以後，賦稅制度繼承了北朝的租調制。其中的租，是指田租，田租雖然是建立在土地之上的，但土地的分配卻是以人丁為準的。

如果說隋代的田租是以人丁為本的話，那麼調的徵收卻是以戶為本的。此外，國家徭役的征派更離不開人口，歷代封建王朝皆是如此。正是基於這樣的認識，面對南北朝以來戶口隱漏的局面，隋文帝認為必須採取有效措施。

西元五八五年，隋文帝下令在全國各州縣「大索貌閱」，核點戶口。所謂「大索」就是清點戶口，並登記姓名、出生年月和相貌；所謂「貌閱」，則是將百姓與戶籍上描述的外貌一一核對。大索貌閱，就是根據戶口簿上登記的每個人的年齡、性別、相貌逐戶按人頭核對，看是否與戶籍上記載的相符，找出沒有登記在冊的隱漏人口，重新給予登記。

隋文帝規定，凡出現戶口不實的情況，地方官吏里正、保長、黨長要被處以流刑。同時又規定，凡堂兄弟以下親屬

同族而居的，必須分立戶口。這一規定旨在鼓勵繁衍人口，增加勞動力的人數。

大索貌閱的內容，就是要貌定百姓的三疾狀況。「三疾」按病殘程度區分為：部分喪失勞動力者為殘疾；全部喪失勞動力者為廢疾；不僅全部喪失勞動力而且喪失生活自理能力者為篤疾。

據此，可以免除或部分免除賦役負擔，以及為享受免稅免役待遇提供依據。透過檢查，被查出的隱漏戶數有一百六十四萬多，從而增加了國家的勞動力，調動貧苦農民的生產積極性，使國家掌管的納稅人丁數量大增，大大增加了國家的財政收入。

關於隋代的在大業年間出現人口頂峰，並非僅僅是檢索戶籍的作用，開皇年間經濟發展人口增長也是一個重要原因。

隋文帝時期實行的大索貌閱，並沒有從根本上改變地主豪強與朝廷爭奪勞動人手的社會現實，只要朝廷的賦稅徭役控制不當，就不可能有大的好轉。在這種情況下，尚書左僕射高熲奏請頒布「輸籍之法」，作為與貌閱的配套措施。隋文帝採用了高熲的建議。

輸籍定樣由「定樣」和「輸籍」集合而成。在實施過程中，由官府根據民戶所擁有的土地、財產及人丁多寡，劃為上、中、下三個戶等。再按戶等高低及各自負擔能力，從輕制訂出每等戶的應納稅額，稱為「定樣」，然後各州縣據「定樣」，認真執行，記錄簿冊，作為今後徵稅的依據，稱為「輸籍」。

隋文帝下令，每年正月初五各縣派員下鄉巡視，以五百家或三百家為團，據冊核實，防止吏員庇護作弊。由於國家規定的賦稅、力役數量低於豪強地主對佃農的攤派量，許多原來依附豪強地主的農民紛紛向官府申報戶口，納稅服役，成為國家編戶。

輸籍之法從法律上杜絕了地方官吏營私舞弊現象，使輸籍額及每戶所承擔的情況公開化。同時，輸籍法也是輕稅之法，農民作為朝廷的均田戶，較作為豪室的隱戶所承受的負擔其程度要輕一些；還從政策上對個體小生產農業及其家庭手工業的保證，它保證了朝廷對賦稅徭役的獲得及對編戶齊民的有效控制。

在採取輸籍之法的同時，朝廷還採取其他措施，堅決削弱世族豪強的政治和社會地位以及各種特權，從根本上杜絕這些人對國家戶口的佔蔭。

比如改革均田制度，打擊豪強兼併，保證農民的土地佔有，使國家的戶口得到鞏固。還有減輕刑律，避免國家人口因犯罪過多的死亡。這些措施都直接或間接地對國家戶口的管理造成了積極的作用。

隋代透過推行「輸籍法」，使大量的不承擔國家賦役的隱藏戶口，從豪強之家分離出來，成為國家編戶，輸稅供役，為國家造成了擴充稅源，增加財政收入的作用。

總之，隋朝廷積極實行的「大索貌閱」和「輸籍定樣」戶籍管理措施，大大增加了人口數量，切實加強了中央集權國家的力量，壯大了隋朝的國力。

隋文帝登上帝位後，授高潁為左衛大將軍、新都大監、尚書左僕射等職，朝中許多制度都是由高潁制訂的。有一件事很能說明隋文帝對他的敬重。

高潁經常坐在西京朝堂北面的槐樹下聽取匯報，處理事情。其他的樹都是成排成行的，唯獨這棵槐樹位置突出，看著有點彆扭。為了整齊美觀，有關官署就想砍掉這棵樹。

隋文帝知道後堅持不讓砍，他說，這棵樹不單是給孤留著，也是為了留給後人看。古往今來，很少有哪個皇帝能這麼抬舉大臣的。

▌唐代行政區劃的大變革

■唐高祖李淵彩像

唐朝建立者是李淵。時間從西元六一八年由建國開始，至西元九〇七年朱溫篡唐，唐朝滅亡，共歷兩百八十九年，

古代戶籍：歷代區劃與戶籍制度
中古時期 建章立制

二十位皇帝。唐代的行政區劃制度，是中國行政區劃沿革史中的一個大變革。在這之中，唐在少數民族地區和邊境地區建立的都護府，具有重要的歷史意義。

唐初將郡改稱州，成為一級行政區劃，下領縣，實行州縣兩級制。調整之後的唐代行政區劃，形成了道、府、州、縣層級管理制度。到唐代末期，全國已經出現了數個藩鎮，大多數是節度使管轄。

唐代前期盛時的直轄版圖，置州縣的領土小於漢代。如以羈縻府州範圍言之，則遠遠超過漢代。

唐代全盛時有八百多個羈縻府州，分屬邊州都督府和六個都護府。六個都護府所轄羈縻地區極為廣大。如安北至西伯利亞南，安西最遠至波斯，北庭西至鹹海，安東至朝鮮半島、日本海，安南至雲南東南部和越南北部。

唐高祖建國後，將郡改稱州，長官復稱漢代的刺史，成為一級行政區劃，下領縣，實行州縣兩級制。但此時天下已經不是秦代建國時的三十六郡的規模，州數激增到了三百以上，朝廷管理非常不便。

西元六二七年，唐太宗將天下按照山川形勢、交通便利分為關內、河南、河東、河北、山南、隴右、淮南、江南、劍南和嶺南十個「道」。道下轄府、州，府、州下領縣。西元六三九年，十道統領府、州、縣。

西元七三三年，唐玄宗進一步分成了十五個道，山南分置為東、西兩道，關內道長安附近增置京畿道，河南道洛陽附近增置都畿道，江南分置江南東道、江南西道和黔中道。

各道置採訪使，仿照西漢的刺史制度，只起監察性的作用。西元七四〇年，十五道統領府、州、縣。此時，唐代的疆域已超過漢武帝全盛時期。

經唐玄宗改置，諸道的範圍漸成定製。但「安史之亂」發生後，原本只用於邊境地區的節度使制度被廣泛用於全國，節度使一般被授予州刺史，於是同時掌握本州甚至鄰州的軍政權力，而且其轄區也稱為「道」，或稱「藩鎮」，成為有實際權力的一級非正式行政區劃。

唐代的道始終以監察為目的，並無長期設置的長官。至唐憲宗元和年間，天下政區已經基本被各節度使、觀察使、經略使、防禦使瓜分，貞觀、開元年間的十道、十五道完全失去了實際意義。

唐代將部分比較重要的州命名為府，以示與一般州的區別。同時，與府並列的還有都督府與都護府，但是都督府由於都督權力太大，在設立後又撤除。

唐代還按照經濟、地理等因素，將所有的州和縣分級。其中州最多分為輔、雄、望、緊、上、中、下，共七等，縣則分為京、畿、上、中、中下、下。各級行政區按照級別的不同，其官吏級別、人數等建制都有所不同。這是一種按情況將部分次級行政區特別處理的做法。

在唐代的行政區劃中，不但有唐太宗新開的「道」，還有唐玄宗新開的「府」。以後設置和改置的府增多，成為唐代行政區劃中的一個重要的單位。

　　唐代諸府大致可分為三類，即諸京都和皇帝駐蹕之府、在內地重要地區設置的府，以及邊地設置的府。諸京都包括陸續新建的陪都和皇帝駐蹕之地改置為府，以示不同於常州，如並州改置為太原府，荊州改置為江陵府。終唐之時，此類府有京兆府、興德府、鳳翔府、河南府、興唐府、河中府、興元府、成都府、太原府和江陵府。

　　在內地重要地區置都督府，有揚州都督府、益州都督府等。西元七一〇年，唐有二十四個都督府，分轄國內各州，只有畿內諸州不隸。但不久即以權重而廢。

　　邊地置都護府有六個，即安西都護府、安北都護府、單於都護府、安東都護府、安南都護府和北庭都護府。

　　邊地都護府是唐王朝為督察邊境各民族而設置的軍事機關，在唐代行政區劃中佔有重要地位。

　　安西都護府是唐代管理西域的一個軍政機構的不同時期的名稱，西元六四〇年設置於高昌，即吐魯番。西元六四八年移至龜茲。其統轄安西四鎮，最大管轄範圍曾一度完全包括天山南北，並至蔥嶺以西至波斯。

　　在北庭都護府分立之後，安西都護府分管天山以南的西域地區。守備天山山脈南側的絲綢之路，防備突厥、吐蕃等勢力。

　　安北都護府是唐代管理鐵勒諸族的都護府。西元六四六年，唐代聯合回紇等鐵勒部落，擊滅薛延陀。西元六四七年設置於郁督軍山。

唐太宗於鐵勒故地設六府七州，六府是瀚海府、金微府、燕然府、丘陵府、龜林府、盧山府，七州是皋蘭州、高闕州、雞鹿州、雞田州、榆溪州、蹛林州、竇顏州，由燕然都護府管理。

　　治所在陰山之麓，轄境東到大興安嶺、西到阿爾泰山、南到戈壁、北到貝加爾湖的整個蒙古高原。

　　單于都護府是唐代安置東突厥降部的都護府。西元六三〇年，唐軍俘頡利可汗，東突厥亡。西元六五〇年平定東突厥後，設置於今呼和浩特附近。統轄今內蒙古地域。

　　唐代設置順、祐、化、長四州都督府，以及定襄都督府、雲州都督府。唐高宗設瀚海都護府，治所在雲中故城，領狼山、雲中、桑乾三都督、蘇農等二十四州。西元六六三年，改稱雲中都護府；西元六六四年，改稱單于大都護府。

　　安東都護府原為唐建立的管理高句麗故地的機構。設置於平壤。管轄範圍包括今天的朝鮮半島和東北地區。羅唐戰爭後，安東都護府從平壤搬到遼東，成為唐代管理遼東，以及高句麗、渤海國等地的一個軍政機構。

　　安南都護府為唐代的六個都護府之一，管轄交州地區。前身為西元六二二年設置的交州大總管府。西元六二二年，唐代朝廷設立交州總管府。西元六二四年，改交州總管府為交州都督府。西元六二七年，交州都督府歸嶺南道管轄。

　　西元六七九年，將交州都督府改置為安南都護府，治所位於宋平，即今越南河內，由交州刺使充任都護。西元七五七年改名鎮南都護府，西元七六〇年復名安南都護府。

　　北庭都護府是唐代設立於西域天山以北的行政單位，管理區域東起伊吾，西至鹹海一帶，北抵額爾齊斯河到巴爾喀什湖一線，南至天山。府的治所在庭州，即今新疆吉木薩爾北庭鄉。

　　唐代在當地推行二元化管理，在漢族集中居住的地區，推行和內地一致的均田制、租庸調制、府兵制和行政區劃。在其他區域維持當地民族的行政管理制度，僅假以其首領唐代官職名號，以示羈縻。

　　唐代的節度使，確定時間是西元七一一年，當時以涼州都督充任河西節度使，並被列入正式邊疆官制。

　　後來，國中遍置節度使，據李吉甫《元和郡縣誌》所載，在西元八〇六年至八二〇年間，唐全國有四十七個節度使。他們統一道或數州，軍事民政，命官、徵稅，皆得獨立，父死子繼，自以世襲。至此，唐初的行政區劃單位「道」已徒有虛名了。

　　縱觀唐代行政區劃變革，唐太宗創立了「道」，唐玄宗把「府」引進行政區劃中來，後來又把節度使變成正式建制，使唐代的行政區劃基本上成為三級制。後期的道、節度使、府或州、縣制，由於道已為虛設，實際上還是三級制。

閱讀連結

　　唐玄宗開元年間，設立了西域、北庭、河西、隴右、朔方、河東、範陽、平盧、劍南、嶺南十個節度使。多分佈於邊地。節度使多由胡人擔任，往往封郡王。其中，範陽，即北京地區節度使是節度使中兵力最多的。

節度使初置時，作為軍事統帥，主要掌管軍事、防禦外敵，而沒有管理州縣民政的職責，後來漸漸總攬一區的軍、民、財、政，所轄區內各州刺史均為其節制，並兼任駐在州之刺史。

▌唐代較嚴密的戶籍制度

■唐太宗李世民畫像

　　戶籍是朝廷征發賦役的主要依據，歷來受到各個王朝的高度重視。唐代前期實行均田制和租庸調製，後期實行兩稅法。

　　租庸調製以人丁為本，兩稅法透過授田年徵兩個方面，都與戶籍密切相關。因此，唐代戶籍管理制度自然就十分嚴密。

　　在實施過程中，採取手實、計帳、戶籍等形式，既革除了隱戶、依附和逃亡戶的蔓延，又如實登記了民眾戶口的實際情況，保證了國家有效管理賦役民戶。

　　唐代特別重視戶籍的編制、管理與檢察工作，採取手實、計帳等有效措施，清查隱戶，登記人丁，編制戶籍，加強朝廷對人口的管理。

　　唐代的戶籍是依據手實和計帳編制而成的。手實就是由戶主登錄的本戶人口、年齡以及授田數的戶籍。計帳就是地方機關根據手實報出的第二年賦役收入預算。

　　手實、計帳是由百戶組成的裡負責編制的，這正是里正職責之內的事情。手實的內容要求一一寫明百姓戶內人口年齡及擁有土地狀況，計帳的內容要求一一寫明百姓來年應承擔的賦役。很明顯，計帳是依據手實編成的，因為百姓的戶丁、土地是派徵賦役的基礎。

　　在編制手實、計帳時，要核實各戶人丁年齡、相貌特點，叫做「團貌」。核實工作是由縣一級朝廷機構組織實施的，顯示出國家對這一工作的重視。

　　唐代戶籍的編製模式大致可以分為三個步驟：

　　第一步，由里正調查所轄各戶人丁土地狀況，經過縣團貌之後，編成手實。

　　第二步，依據手實，編成計帳，這項工作仍由里負責。

第三步，依據手實、計帳，編成戶籍，這項工作則由縣負責。透過上述三個步驟制訂的戶籍，成為朝廷掌握勞動力和賦稅的根據。

朝廷要求一年一造手實和計帳，每年的具體編制時間，則規定在歲末及來年的正月至三月之間，這正是農閒時期。

在此期間編制手實、計帳和戶籍，就不會誤了農時，當是最佳的時間選擇。

編制戶口帳籍是一項很複雜的工作，需耗費大量人力、物力。

編制計帳所需的經費，是以人戶為單位進行徵收，每戶一錢；編制戶籍所需的經費，以人口為單位徵收，每口一錢。

至於編制手實所需經費來源，則合併在戶籍所需經費當中。因為編制手實是編制戶籍的前提，二者不能截然分開。

各縣將戶籍編好之後，就集中到州郡抄寫。共抄寫三部，皆註明某州某縣某年籍，州名用州印，縣名用縣印。一部送呈尚書省，由戶部掌管，州和縣各留一部。上呈的州籍，一般由州的庸調車代送京城；如果庸調不入京城，則要僱人運送，運費由州府支付。

唐代雖規定戶籍三年一造，但新籍造好之後，舊籍並不馬上廢棄，而是要保存一段時間。一般來說，州縣需保存戶籍十五年，尚書省需保存九年。以後又改為尚書省需保存戶籍二十七年。

古代戶籍：歷代區劃與戶籍制度
中古時期 建章立制

　　尚書省將全國戶籍彙總之後，將全國戶籍抄寫四部，長安、洛陽、尚書省和戶部各收藏一部。後來改為抄寫三部，取消了送往洛陽收藏的那一部。

　　唐代戶籍可以分成編戶與非編戶兩大類。編戶是編入戶籍的居民。可以是品官，也可以是白丁，但必須是良民。

　　編戶又可以分為課戶與不課戶兩類。按租庸調法納稅服役的普通民丁，稱為課口，有課口的戶稱為課戶，無課口的稱為不課戶。

　　非編戶有三種，一是賤戶，二是方外，指釋、道及為逃避賦役而避入寺院的逃戶，三是士兵。

　　隨著形勢的發展變化，一些制度也在發生變化。如編制戶籍，原來規定由裡、縣負責，到西元七四一年，中央令州級長官及錄事參軍也要參與戶籍的審查工作。

　　唐朝廷對里正、縣州長官的要求這麼嚴格，可以想見，平時的戶口檢察工作自然由他們承擔了，這也是他們的職責所在。尚書省的戶部是中央主管部門，更負有檢察全國各地戶口戶籍之責。

　　因為土地兼併而迫使農民逃亡的問題十分突出，且嚴重影響了朝廷的賦役收入和社會穩定，所以引起中央高度重視，派出專使予以解決。

　　武則天執政時曾設置「括戶使」和「括逃使」兩個使職，專門檢括逃戶。

唐玄宗也曾派專使負責這項工作，他先是任命宇文融為「搜括逃戶使」，後又任命他為「安輯戶口使」，這個名稱變化，反映了唐朝廷對逃戶問題的政策變化。

前者重在將逃戶置於國家管理之下，以保障農業生產有足夠的勞動人手，進而擴大國家的稅源；後者重在安置，即將逃戶檢括出來之後予以合理安置，給以優惠政策，讓他們安心生產。

唐代「括戶使」及「安輯戶口使」等足以證明，唐代戶籍制度與賦稅制度和土地制度的密切相關。

閱讀連結

唐代實行均田制，要求農民在戶籍上登記的田地必須與實際相符。農民程大忠和程大慶是兩兄弟，其父在世時，戶籍載有六十畝永業田，八十八畝口分田，兩畝園宅地，合計有田一百五十畝。

其父臨終時給兩個兒子劃分這一百五十畝田產，程大忠戶籍載有二十畝永業田，六十畝口分田，一畝園宅地；程大慶籍載有二十畝永業田，四十八畝口分田，一畝園宅地。

後來兩兄弟各自成家，朝廷又分給部分田地，同時在戶籍上也重新填寫了。兩兄弟安居樂業，更起勁地過起了自己的小日子。

古代戶籍：歷代區劃與戶籍制度

近古時期 鑄新淘舊

近古時期 鑄新淘舊

　　從五代十國至元代是中國歷史上的近古時期。這一時期的行政區劃前期變化不大。五代十國在前後大致五十年的時間裡，歷經頻繁戰亂，行政區劃隨戰時疆域而劃分。

　　宋、遼、西夏、金基本沿襲舊制或相互借鑑，難脫窠臼。此間最具創意的當屬元代行省制的建立，這是中國行政區劃史上的一次重大改革。

　　近古時期戶口的編造和功能都有了進一步發展，戶籍制度趨於成熟。比較突出的是戶籍分類更加細化，戶等的界定更加明晰，這在元代被運用到極致。

▌五代十國時期的行政區劃

■梁太祖朱溫畫像

　　五代十國的疆域劃分主要決定於策略地形，使得行政區劃帶有天然形成的明顯特點。它上承高度文明的隋唐，下啟封建文化政治高度統一的宋元明清，在一定程度上比較精確地劃分了中國的地域文化。

　　五代十國的疆域劃分和行政區劃，促成了具有統一文化在形態、統一民族認同感的中華民族的大融合，以至於在一個大的分裂時期之後，出現了一個相對和平的大一統時期，迎來了一個和平發展的大好局面。

　　五代十國的疆域大抵分成五代與十國。五代諸朝的疆域大致是華北地區與關中地區，一度領有燕雲十六州、河東、蜀地與淮北地區。

南方在後周時期到達長江沿岸，其他時期均在淮河流域徘徊。東方最遠為山東沿海，西方與前後蜀地相接，北方除後唐之外，未超過河套平原。

五代時期，政治核心因為戰亂與經濟因素，由長安、洛陽過渡到開封。當時關中因戰亂而荒廢，較強的藩鎮只有歧國李茂貞，而河隴地區也持續衰退，回鶻、吐蕃等外族紛紛割據河西走廊。

開封處於隋唐大運河中樞地位，負責轉運河北、關中、江南與湖廣地區的貨物，是天下糧食、貨物的轉運站。當關中因戰亂而荒廢時，聚集天下財富的開封就成為五代的首選地位。

五代戰爭大多以開封的宣武節度使與太原的河東節度使對峙為主。

例如李克用的晉與後梁、後晉與後唐、後漢與佔據中原的遼代、北漢與後周等都是如此。

十國與其他藩鎮大多分佈在五代的周圍，如湖廣、蜀地、甘肅、河東與河北等地區，用小地域形成自立的地盤。華中、華南地區經濟強盛，所割據藩鎮繁多，是十國勢力範圍。

五代十國的行政區劃，繼承了唐代後期的形式，即道或節度使、州或府、縣三級行政區劃。

節度使成為地方行政區劃是由唐代中期才開始設置的，又稱藩鎮，主管地方軍事、行政與財政，位高權重。「安史之亂」期間，唐成立許多地方節度使以圍堵叛軍。平亂後，

唐朝廷也冊封大量降將為地方節度使以安撫，以致他們擁兵自重，割據為王，形成唐末藩鎮割據的局面。

五代時節度使的授任更為冗濫，有的節度使以親王遙領，或以宰相遙領。其中，權重者稱節度使，權輕者稱防禦使，「安史之亂」後的道，即是節度使的轄區。在當時，有異心的藩主往往舉兵以圖推翻中央，這也是五代十國時期動盪不安的起因。

由於節度使位高權重，五代有的以親王遙領，如後唐末帝之子李重美遙領成德軍節度使。也有以宰相遙領的，如後唐莊宗時以侍中、監修國史郭崇韜兼領成德軍節度使。

五代還在某些地方設「軍」，成為一級行政機構。「軍」作為行政區劃單位出現於五代中後期，目的是滿足軍事需要和保障重要資源供給，區劃內存在常駐的武裝部隊是軍設置的原因和特點。

衣錦軍是五代時期設置最早的軍，設於唐末西元九〇七年，它的全稱為安國衣錦軍，設置於杭州臨安縣，是吳越王錢鏐的故里。

衣錦軍的設置過程，大體上反映了「軍」從軍事建制單位演變為行政區劃單位的過程，對認識軍作為行政區劃單位的產生背景是有意義的。

錢鏐與其他割據勢力不同，他始終表示自己樂於臣服於唐王朝以及其後的歷代中原王朝，因此唐王朝以及日後的後梁、後唐等政權，都十分看重佔據吳越一地的錢氏家族。錢

鏐也希望能透過這種方式來抬高自身的地位,安國衣錦軍就是在這種背景下產生的。

崇德軍是後梁在西元九〇七年設置於輝州碭山縣的建制。碭山為後梁朱全忠的故里,崇德軍的設置也是出於對此地的保衛,以顯示自己身分高貴。軍使由朱氏家族的朱彥讓擔任。

德清軍是後晉於西元九四一年設於舊澶州之頓丘的建制。澶州是由北向南進軍的主道之一。後晉建國依仗契丹之力並向契丹稱臣,成德節度使安重榮恥為契丹之臣,對契丹使者的態度多有不敬,且上書斥責石敬瑭割讓燕雲十六州。

石敬瑭因此對他多有不滿,擔心他手中所握的重兵。為防止安重榮謀反,故而在此設軍,以防北來之兵。石敬瑭還在黃河南邊的胡梁渡設大通軍。

定遠軍是後周於西元九五五年設於景州的建制。景州地域狹小,但此地為交通要沖,是兵家必爭之地,歷史上曾發生過多場激戰。因而後周設軍於此。後周還於漢陽縣置漢陽軍,於鳳州之固鎮置雄勝軍等。

在五代所設的行政區劃單位內,採用了「軍使兼知縣事」或「知縣兼軍使」的做法,使這類單位的地方長官與軍事長官的職責由一人承擔。這也是以「軍」命名這類行政區劃單位的原因。

五代的第二行政區為州,州設刺史,第三行政區縣則設縣令。部分州因首都地位或地勢重要而升級為府。例如五代

在汴州設有東京開封府，長安設有西京京兆府，魏州設有大名府，有些重要的府在宋代形成五京制。

十國與各地藩鎮也在其首都或重要州設府，如吳國的揚州江都府，南唐的升州金陵府與洪州南昌府，楚國的潭州長沙府，南漢的廣州興王府，北漢的太原府，前蜀與後蜀的成都府與興元府，荊南的江陵府等。

十國還在軍事要地設大都督府，如後梁在宋州和福州均設大都督府。後唐在全國設十大都督府。

十國州縣的數量，因為政局穩定，經濟發展與人口增加而增加。據宋太宗趙炅時的地理總志《太平寰宇記》記載，五代十國時期全國新置五十九個縣，絕大部分是在南方，如蜀置五縣，吳越設五縣，閩增設十三縣，南唐新置二十六縣。

總之，五代十國時期的疆域劃分和行政區劃設置，是在勢力分裂和融合的過程中進行和完成的。分裂時期出現的種種經驗教訓都被日後的統一國家逐一吸收，各個民族也在天下一家的氛圍中相互融合，共同進步。

閱讀連結

五代時期吳越國創建者錢鏐身經百戰，先後與劉漢宏等地方主要軍閥作戰，最終建立了鞏固的地方政權。

西元八八二年七月，佔據浙東的義勝軍節度使劉漢宏發兵西進，欲併吞浙西。錢鏐率八都軍在錢塘江邊禦敵。由於出奇制勝，加上利用江上夜霧遮掩，錢鏐突襲敵營，獲得首勝。

後來，錢鏐在蕭山西陵一帶與劉漢宏十萬大軍決戰，最後擊潰劉軍，劉本人易裝成屠戶逃跑。這一次西陵大捷，是錢鏐取得的第一次重大戰果。從此，錢鏐將西陵改名為西興至今。

宋代路州縣三級行政區劃

■宋太祖畫像

宋代行政區劃，最初實行州、縣二級制。在少數民族地區，繼承了唐代羈縻州縣的制度，也可以算是一定程度上的民族自治。

宋代的行政區劃設置與地方政治制度可謂重內輕外，中央高度集權，有效避免了藩鎮割據局面的重現。

宋代行政區劃中最突出的表現是「路」的發明。路是直轄於中央並高於府、州、軍、監的一級監察區。

在此基礎上，形成了路、州、縣三級行政區劃及其管理的體制。

宋代的疆域在宋徽宗時期最為遼闊，其南至思陵州，即今廣西寧明；東至登州，即今山東蓬萊；北至代州，即今山西代縣；西及西寧州，即今青海西寧。據宋代地理名著《諸蕃志》一書記載，當時澎湖列島已隸屬於福建路的晉江縣。

北宋與遼國的疆界長期穩定在雁門山、大茂山、白溝一線。在西北，北宋從吐蕃奪取了唐代後期以來的失地。在與西夏的作戰方面，宋神宗力圖開擴疆土，取得了綏、熙、河、洮、岷、蘭等州。

宋哲宗時又進一步收復今烏峭嶺以南的湟水流域、大夏河流域和洮河流域。對西南少數民族地區，宋代將今四川南部、湖北西南、湖南西部、貴州東北和廣西西部重新歸入版圖，設置正式州縣或羈縻州。

宋室南渡後，領土僅限於秦嶺淮河以南、岷山以東地區。南宋在與大理交界處設立了黎、敘、瀘、黔、邕等州。

宋初力平群雄，疆域區劃難以顧及，宋太祖因襲唐代舊制，略事改革，分全國為十三道，包括河南道、關西道、河北道、河東道、淮南道、江南東道、江南西道、隴右道、山南東道、山南西道、劍南東道、劍南西道和嶺南道。

西元九九三年又把全國合併為東、西兩京和十道；去隴右、山南東、山南西三道，並劍南東、西道為一；改嶺南為廣南道；增設兩浙道。但次年即廢，於是正式廢道制，改為路制。

在西元九九四年以前的十五年中，宋太祖一直實行「道」、「路」並存的行政區劃制度。後來，全國設路也未有定規。

西元九九七年，北宋將州一級行政區劃府、州、軍、監改為「路」，始定為十五路，包括京西路、京東路、河北路、河東路、陝西路、淮南路、江南路、兩浙路、福建路、荊湖南路、荊湖北路、廣南東路、廣南西路、西川路和峽西路。

西元一一〇五年，宋徽宗將國都開封府置為京畿路，合稱為二十四路。後在金把燕雲十六州歸還宋朝時，因而宋擬置燕山府路和雲中府路。但金滅遼後失約，所以北宋末年名義上擁有二十六路，實際上還是二十四路。

南宋僅有半壁江山，西元一一四二年分為十六路，包括兩浙東路、兩浙西路、江南東路、江南西路、淮南東路、淮南西路、荊荊湖南路、荊湖北路、京西南路、廣南東路、廣南西路、福建路、成都府路、潼川府路、利州路和夔州路。西元一二〇八年，宋寧宗改為十七路，把利州分為東、西兩路。

北宋前期，各路皆置轉運使和提點刑獄，有些路常置安撫使，各設官衙辦事。轉運使俗稱「漕司」，主管所領州縣的水陸轉運和財政稅收，兼管司法和民政等。提點刑獄俗稱「憲司」，主管一路的司法，兼管財政等。安撫使司俗稱「帥司」，由本路最重要的州府長官兼任，主管一路的軍政，也兼管民政、司法和財政等。

宋神宗時，增設提舉常平司，俗稱「倉司」，主管本路常平、義倉、免役、市易、坊場、河渡、水利之事，南宋時與提舉茶鹽司合併，增管茶鹽。

此外，又設提舉坑冶、茶馬、市舶等司，漕、倉、憲等司總稱監司。監司號稱「外台」，具有監察職能，權任頗重。

轉運使、提點刑獄、安撫使和提舉常平司，都不是地方長官，而是中央派到地方來監臨指揮地方的。此四司中，以轉運使為最重要。地方財政，都在他手，他須把地方全部財富轉運到中央去。宋代路的劃分及其官員的設置，兼顧了經濟和人文的差異性，從而更加科學。

宋代路下為府、為州。府雖與州同級，但地位要略高於州。當時，國都、陪都這些皇帝誕生、居住和巡遊過的地方，以及地位重要的州，都改置為府，情況與唐代很相似。據北宋中葉地理總志《元豐九域志》記載：西元一○八五年，全國有十四府兩百四十州。

宋代州級行政屬官由幕職官與諸曹官兩部分組成。在文臣階官體系中，這些職官與縣令、主簿、縣尉共同組成幕職州縣官，又稱選人，是文階官中最基層的一部分。

幕職官簡稱職官或幕職，主要由簽判、節度判官及推官、節度掌書記、觀察支使諸職。幕職官參與議定主要州政，但更多的是審理各類刑事和民事案件。

諸曹官則有錄事參軍、司理參軍、司法參軍、司戶參軍。諸曹官分掌戶籍、賦稅、倉庫出納、議法斷刑等政務。

宋代州官的編制，主要是根據所轄戶口的多少及其職務的繁簡程度而制訂的。其中幕職官配備既受州府等級影響，還受一州規模的影響。諸曹官則主要受戶口多少的影響。

　　宋代州下設縣。一般在大縣設置知縣、縣丞、主簿、縣尉等幾位親民官，作為朝廷委派的行政官員，小縣僅置一兩員公吏。

　　隨著經濟社會的深入發展，一縣之中財賦徵斂，獄訟審判、治安教化、災傷賑濟等，遠非三五個行政官員所能勝任。

　　因此，在承襲和改造舊制的基礎上，宋代縣級官府中設置了大量協助官員辦理具體政務或供官員驅使的吏人和公人，他們或統稱胥吏、胥史、吏胥、吏、人吏、吏人、公人、役人、胥徒等。

　　兩宋縣級公吏編制在不同時期是不斷變化的。大體上，其變化的規律是不斷增加、不斷裁減，最終定額雖不太多，但額外置吏現象非常普遍。

　　兩宋的行政區劃中還出現一些新單位，這就是軍和監。軍始於唐，當時稱軍鎮，屬軍事系統，多設在邊區，只管軍隊不管民政。五代時，軍不僅管兵馬，也轄有土地、民政，但各軍、監皆不轄縣。在宋代，軍則演變為地方行政區劃單位。

　　監是國家經營的礦冶、鑄錢、牧馬、製鹽等專業性的管理機構，五代初已開始出現，但也在宋代才演變成地方行政區劃單位。

古代戶籍：歷代區劃與戶籍制度
近古時期 鑄新淘舊

　　宋代的軍、監有兩類，即領縣的或不領縣的。領縣的軍監與府、州同級，都隸於路，但實際地位則要低於府和州；不領縣的軍、監與縣同級，同隸於府或州。所以，宋代縣級以上、路級以下的區劃單位有府、州、軍、監四類，縣一級的區劃單位有縣、軍、監三類。

　　總之，宋代的行政區劃實施的是路、州、縣三級制。路為最高一級；州級單位有府、州、軍、監的設置，府地位最高，州次之，軍、監更低；縣級單位有縣、軍、監的設置。

閱讀連結

　　宋太祖趙匡胤開國之後，不忘收復被遼代佔領的燕雲十六州，曾在內府庫專置「封樁庫」，打算用金錢贖回失地。西元九七九年，宋軍曾與遼軍在高梁河展開激戰，宋軍失利。

　　西元一〇〇四年，宋真宗抵澶州北城，與遼國在澶州定下了停戰和議，史稱「澶淵之盟」，之後宋遼邊境長期處於相對穩定的狀態。在宋金訂立「海上之盟」時，約定金歸還宋燕雲十六州，於是北宋擬置燕山府路和雲中府路。

　　但因金違約，這兩路只是有其名而已，北宋就行政區劃還是原來的二十四路。

宋代以財定等的戶籍制度

■宋太宗趙光義畫像

宋代為了掌握承擔國家賦稅和徭役的人口，按照身分和財產確定戶籍等級，創設了不少戶名，並由戶名構成戶籍的分類，按籍納稅和服役。由於這種制度採取的是人人相結，家家相連的形式，從而保證了朝廷對鄉里組織的有效管理。

宋代的戶等制是中國歷代戶等制的極盛時期，宋代戶籍制度的政治、經濟、法律功能在客觀上滿足了封建國家在政治上、經濟上、法律上的需要，實現了國家對基層社會的有力控制，有效地維持了封建國家的發展。戶籍制度在宋代社會發展過程中具有一定的先進性。

宋代實行依人戶財產劃分戶等的制度，將戶籍分為主戶和客戶兩大類。主戶是指擁有土地，繳納二稅的國家稅戶；客戶是指鄉墅不占田之民，借人之牛、受人之土的庸而耕者。

這就把是否擁有土地和財產作為劃分主戶客戶的主要標準。此外，個人身分也是確定戶等的重要依據之一。

主戶又按資產多少將其分為五等，以等級定賦役，故戶籍稱「五等簿」，或「版籍」，主要記載戶口、資產和戶的等第。客戶成為編戶，交納身丁稅和負擔徭役，即編入「丁籍」。「五等戶」和「丁籍」合稱為戶口版籍。

宋代戶口的編造時間間隔是三年。三年一大比，造戶籍、上計帳。然後抄錄三份，縣衙、州府、省部各執一份，作為徵收賦稅和課派力役的依據。

宋朝廷為了處置各種社會經濟事務，創設了不少戶名，至少其中的部分戶名，是沿襲前代舊制。各類戶名，種類之繁多，可謂五花八門，洋洋大觀。

比如：家中只有一個成丁男子，稱單丁戶；家中有男子未成丁者，稱未成丁戶；單丁而家產物力貧乏者，稱孤貧戶；軍人及其家屬，可稱軍戶；從事酒業者，可酒戶、坊戶、槽戶、拍戶和撲戶；從事煉礬者，稱鑊戶；從事採礦和冶煉者，稱坑戶、冶戶、礦戶、爐戶和炭戶；燒製陶瓷者，稱陶戶和窯戶；工匠稱匠戶；從事紡織、印染、刺繡等，稱機戶、綾戶、錦戶、染戶和繡戶，如此等類，其名稱之多，難以悉數。

宋代的戶口分類制度，就是依靠各類戶名進行的。從宋代的史實出發，大致包括形勢戶、平戶、坊郭戶、鄉村戶、官戶、吏戶、僧道戶、幹人等幾個階層。但這只是一個粗略的規定，依出身等差異，另有不少細則，分出若干等級。

形勢戶指地方上有勢力的豪富之家，宋代的形勢戶包括官戶和充當州縣衙門的公吏、鄉里基層政權頭目的上戶。其中官戶佔少數，吏戶佔多數。

　　宋代對形勢戶在納稅、租佃官田、向官倉出售糧食等方面定有禁約。北宋初，在各州府專設「形勢版簿」，南宋時又改為在稅租簿上用硃筆標明「形勢」兩字。規定形勢戶比平戶須早半月納稅，如拒絕納稅，要加重刑罰。

　　與形勢戶相對稱的平戶，包括形勢戶以外的全部人戶。「平戶」一詞在今存的宋代文獻中使用不多，如南宋時有人建議設催稅，「以形勢戶催形勢戶，平戶催平戶」。

　　坊郭戶作為城市居民，其上戶包括城居官戶、吏戶、地主、幹人、房主、大商人、貸主、手工業主等。宋代常有地主兼商人、官吏、貸主、房主幾位一體的情況。坊郭下戶包括小商販、工匠等。

　　鄉村戶定戶等時，全憑財產多少，與人丁數目無關。但財產標準是五花八門的，除了按照田畝或下種多少分戶等，稅錢也是定等的依據。以稅錢多少分戶等，實際上是以各戶土地的多少肥瘠為基礎的。

　　鄉村戶的家業錢又名「物力」、「家業貫陌」，將各戶的土地折算成錢，稱為「田畝物力」，又將浮財折錢，稱為「浮財物力」，兩者相加，再分戶等。

　　在鄉村戶中，鄉村上戶大體上是指沒有官和吏的身分的地主。儘管各地的劃分戶等標準不一，但鄉村上戶往往擁有幾百畝以上的田產。按照宋代制度，鄉村上戶須服職役，即

擔任州縣衙門公吏或鄉村基層政權頭目。他們輪差服役期間，就由平戶升格為形勢戶，退役之後，又降為平戶。

鄉村上戶提高自身社會地位的重要方式，是子弟們讀書應舉，由科舉入仕，上升為官戶。此外，宋代的進納制度，即鄉村上戶透過向國家捐獻錢糧之類，也可入仕。但官場中對進納入仕者的升遷有許多限制，被視為是一種並不榮耀的出身。

在宋代，主、客戶與鄉村、坊郭戶是交叉的，有鄉村主戶和鄉村客戶，也有坊郭主戶和坊郭客戶。宋代社會是個農業社會，鄉村人口佔了絕大多數。

人們有時以主、客戶代表鄉村主、客戶，但絕不可忽略坊郭主、客戶的存在，特別是在開封、臨安等府，坊郭主、客戶在總數中佔了很大的比例。鄉村主、客戶的區分主要在於有無田地，而坊郭戶主、客戶的區分看來在於有無房產。

官戶作為一個法定的階層，居於社會的最高層。宋代的外戚大體可列入官戶，宗室的一部分也可列入官戶。

官戶享有若干特權，也有不少禁約，在宋代的龐大等級結構中，即使同屬官戶，其特權和禁約也有很多身分性的差別。官戶絕大多數擁有數量不等的田產，他們收取地租，很多人又兼營工商業。

宋代的中高級官員雖有蔭補特權，但官戶的成員卻仍經常處於流動狀態，仕宦之家的子弟往往破落敗家。這與魏晉南北朝時的門閥士族形成鮮明對照。

吏戶是僅次於官戶的階級，其戶數也多於官戶。宋代官與吏的流品區分甚嚴，從體制上貴官而賤吏。

　　僧道戶是指僧寺和道觀，宋代的戶口登記中，一般是將一座寺觀作為一戶，而「附入主戶數」。寺觀往往出租田產，也兼手工業、商業、典當借貸業、房地產出租業等。

　　有的地區，例如福建路，僧寺的田產更遠富於民戶。僧道原則上不能繁衍後代，寺觀的田產等由住持僧和知宮觀事掌管。

　　總而言之，宋代按財產多少分戶等的基本精神與前代一致，而劃分的標準卻更具體化、多樣化了。中國古代的戶等制發展到宋代，已臻其極盛期。

閱讀連結

　　宋代鄉村第三等戶的生活輪廓，據南宋筆記小說集《夷堅三志·黃陂紅衣婦》記載：黃州黃坡縣太公村民李氏，春耕之際，其家男丁婦女都去田間種植，家中只留有小女孩做飯。

　　這個例子就是宋代鄉村第三等戶現實生活的反映。看來這家勞力還算充足，農忙時節能幹活的全下田，年少不能從事重活的姑娘也不閒著，留守在家為家人做飯。

　　在宋代，十口左右的家庭，百畝左右的土地，在風調雨順、沒有天災人禍的環境下，可以過上相對自足的生活。

▍遼代行政區劃與戶口類型

■遼太祖耶律阿保機雕像

　　遼代是中國五代十國和宋朝時期以契丹族為主體統治中國北部的封建王朝。遼代歷經百餘年的州縣制推行歷程，最後確立了五京行政區劃體系格局，建立了道、府、縣三級行政區劃體制。還特別設置了一種行政機構「頭下軍州」，並逐漸被納入國家經濟正軌。

　　在遼代州縣制形成的過程中，契丹族的社會變革也是多方面的。在這之中，朝廷雖然有效管理的戶口有限，但其類型化戶口管理體制，反而彰顯出遊牧民族特點和時代特色。

　　遼代是以契丹族為主體建立的封建王朝，在耶律阿保機及耶律德光時期不斷對外擴張，耶律德光時取得燕雲十六州，並一度佔有中原。

遼代行政區劃進行了百餘年的州縣制推行歷程，最終確立了五京行政區劃體系格局。

　　根據《遼史·地理志》記載，其體系大體上是道、府或州、縣三級。共有五個京、六個府，一百五十六個州、軍、城，三百〇九個縣。遼代分五個道，每個道有一個政治中心，稱為京，並以京的名稱來命名道。

　　上京道治上京臨潢府，轄以西拉木倫河流域為中心的契丹本土；中京道治中京大定府，即今內蒙古寧城西大明城，轄原奚族本土；東京道治東京遼陽府，即今遼寧省遼陽市，轄原東丹國地區；南京道治南京析津府，即今北京市西南，轄今海河、大清河以北，及長城以南、河北、北京、天津部分地域；西京道治西京大同府，即今山西省大同，轄今山西和內蒙古交界處。

　　西元一〇〇七年，遼聖宗建中京大定府，自臨潢遷都於此。西元一〇四四年，遼興宗升雲州為西京大同府。遼的道下設有府、州、軍、城四種政區，為同一級別。

　　遼的京級府包括臨潢府、大定府、遼陽府、析津府和大同府。比京府地位略低的府包括率賓府、定理府、鐵利府、安定府、長嶺府、鎮海府和興中府。西元一〇四一年升霸州為興中府，即今遼寧朝陽。

　　遼的州分等，從高至低排列順序是：節度州、觀察州、防禦州、刺史州。遼代還設有與縣同級的州、軍和城。遼州縣制的形成，在百年間經歷了一個無序到有序的過程。這一過程反映了契丹族開放意識，民族融合狀況，經濟結構轉變，

一國兩制政治體制，社會變革等諸多內容。在這之中，遼的戶口類型更具有民族特點和時代特色。

遼時人口按其戶籍大體上可以劃分為五類：州縣戶口、宮衛戶口、頭下軍州及寺院中的「二稅戶」、部族戶口和屬國戶口，他們共同構成了遼代戶口。

而實際上，遼朝廷經常有效管理的戶口僅限於王朝州縣賦役戶口和宮衛軍戶，而遼代與屬國之間保持的則是一種鬆散的隸屬關係。

州縣戶口這是遼賦役的承擔者，故又稱之為賦役戶口。遼賦役是以戶丁為徵收對象的。朝廷為了獲取賦役和兵員，滿足自身經濟與政治的需要特別注重戶丁檢括。但並未建立定期閱實戶口的制度，每次檢括戶丁，均是臨時詔令。

據《遼史》記載，遼詔括戶丁共進行過十次，均在遼聖宗統和紀年之後。這十次戶丁檢括，州縣戶與宮衛戶顯然分別進行，即分屬於兩個系統。這與遼官制分北、南院有直接相關。北面治宮帳、部族、屬國之政；南面治漢人州縣、租賦、軍馬之事，實行的是因俗而治，故而隸於官帳的契丹戶丁與蕃漢轉戶丁，隸於部族的契丹戶丁皆不屬五京鄉丁之列。

著戶即契丹戶之外的少數民族，如奚、室韋、女真、渤海等戶。因此，遼代州縣戶口乃是州縣領屬和檢括的賦役戶口。宮衛戶口來源於部族與州縣，原系部族和州縣戶的一部分。它與州縣賦役戶口亦不同，是一種軍政一體、軍民一體的軍事行政組織。

官衛下置州縣、提轄司、石烈、瓦里、抹里、得里、閘撒等軍事與行政組織。其中，提轄司為諸官典兵官，因宮衛軍戶即兵即民。所以提轄司實際上就是管理宮衛戶的軍事機構，兼管宮衛兵與民之事。

每宮衛提轄司除領屬一定數量的契丹戶口外，還領屬諸蕃都及漢人即蕃漢轉戶。各提轄司共領屬正戶即契丹戶八萬，蕃漢轉戶十二點三萬，共計二十點三萬戶。

儘管部分宮衛成員來自部族，但部族和宮衛並不屬一個系統。作為下屬的部族包括大首領在內，地位均在腹心宮衛之下。

所謂「二稅戶」，指的是在遼契丹貴族建置的私城「頭下軍州」中的民戶和較大寺院中的民戶，因為這些民戶的納稅貢賦情況有別於一般州縣民戶，因而成為遼的一種比較特殊的戶口類型。顧名思義，「二稅戶」之民要雙重納稅，也就是說，他們要比一般州縣的民戶多納一份稅。

在遼時，不少契丹貴族置建私人州城，如高州、原州、豐州、福州及越王城等；或利用契丹皇帝賜給的民戶置建州縣，如徽州、成州、懿州等均屬。此類州縣在遼代被稱為「頭下州縣」。

頭下州縣中的農戶，「徵稅各歸頭下」。同時「酒稅課納上京鹽鐵司」，說明頭下民戶要向頭下主人和代表國家的上京鹽鐵司同時納稅。這就是頭下戶被後人稱為「二稅戶」的緣由。

古代戶籍：歷代區劃與戶籍制度
近古時期 鑄新淘舊

寺院中的「二稅戶」。遼時普遍崇佛信教，尤其是契丹族統治者對佛教更是篤信有加。因而，有遼一代，境內建有數量眾多的大大小小寺院。

這其中，有不少是高僧大侶建置並佔有的大型寺院。由於他們與某個契丹皇帝及官貴有較密切的關係，常常被賜贈大片良田和民戶，因而這些僧人便成了擁有寺院莊園大片土地和大量民戶的僧侶大地主。

這些或是被賜予之戶，或透過其他手段佔有的民戶，均歸屬寺院莊園所有，他們之所以也被冠以「二稅戶」之名，亦是因為其在服務於寺院僧侶地主的同時，對國家也負有納稅義務。後來金因遼制，寺院中仍有「二稅戶」存在，直至遼章宗時才被取消。

部族戶口是直屬於遼統轄的契丹、奚、室韋、女真、烏古、唐古、回鶻等民族的組織。遼代部族民戶的來源有兩個途徑：

一是部族內部民戶「蕃息」、銳減後的析分或合併。有的部族人口繁衍過快，部族迅速膨脹，便會從中析分出部分民戶另置一部，或一分為二，如析分迭剌部為五院、六院二部即是；有的部族因某種緣故而人口銳減，所餘戶數不足以組成一部，便將其與其他小部合而為一。

二是從「蕃息」的「斡魯朵」契丹戶中析出部分改置成部。遼代前中期部族的變化較大，耶律阿保機時僅有十八部，至遼聖宗時又新置三十四部，加上遼內契丹四部，因而，到

遼興宗時，遼代境內契丹與非契丹部族已有三大部分，總計五十六個部族，它們均隸屬於北樞密院。

遼的屬國戶口屬於獨立的系統。屬國戶口由不同的邊疆少數民族組成，叛服無常，具有較強的自治性質。

女真五國蒲聶部叛遼，切斷了遼與五國部女真的交通線，生女真部首領烏古受遼朝廷詔命領兵平叛，並取得了勝利，保障了鷹路的暢通，立下了戰功。

遼興宗幾次想讓生女真部民戶也歸入遼中央戶籍管理系統，但均遭到了烏古的拒絕。生女真人正是將本民族之戶口獨立於遼的中央統一管轄之外，既隱瞞了本族的實情，也減輕了朝廷攤派的賦役負擔，才積累了後來亡遼滅北宋的實力。

遼代戶口分屬州縣戶口、宮衛戶口、頭下軍州及寺院中的「二稅戶」、部族戶口和屬國戶口等不同的戶籍類型。他們各自獨立，沒有統一的統計和制度。

閱讀連結

耶律阿保機立國之後積極創制。他發現國境越來越大，可西部草原上新征服的奚族、室韋，不習慣耕種；投奔的漢人，又不可能去牧馬。

怎麼辦呢？他設置了兩套平行的行政機構：北面官「以國制治契丹」，保留契丹部落的用人慣例；南面官「以漢制待漢人」，幾乎是唐代三省六部制的翻版。

一個皇權，兩套官制，並行不悖。他還在每年的春夏秋冬四季，到四個不同的地方居住，稱之為「四時捺缽」。表面上是「遊牧」，實際上是巡察制度。

▌西夏的行政區劃與戶籍制度

■西夏李元昊雕像

西夏是中國歷史上由党項人在中國西部建立起來的一個政權。西元一〇三八年，李元昊建國時便以夏為國號，稱「大夏」。西夏行政區劃大體採取州或府、縣兩級制度。州的設置開始與夏景宗李元昊繼位後擴張疆域時期，有二十個州，夏仁宗時期擴為二十二個州。

西夏的戶籍制度是西夏在人口管理過程中產生的重要的憑據性文書，展示了西夏的人口、地畝、錢糧、徭役、稅收等方面的重要訊息。

西夏戶籍制度在各方面作了比較詳細的規定，而且戶籍編造形式已經是比較規範的行政文本。

西夏是党項族人李元昊建立的王朝，據《宋史·夏國傳》記載，西夏行政區劃大體上是州或府、縣兩級，一些重點州則設府。

西夏在建國前只領有五州之地。佔領河套地區與河西走廊後，在夏崇宗、夏仁宗時期達到二十二個州，包括河南九個州、河西九個州，熙、秦河外四個州。

西夏升州為府有河套的興州，升為興慶府和中興府，靈州升為西平府，河西走廊涼州升為西涼府、甘州升為宣化府等。

靈州與興州相繼是西夏立國前的都城，地位十分重要。涼州控管河西走廊與河套地區的樞紐，甘州所設的宣化府，負責處理吐蕃、回鶻事務。

關於西夏的人口，總的說來，西夏人口密度低。這是因為西夏領土大多是由沙漠組成，適居範圍不大；再加上西夏採取全民皆兵的制度，因連年戰事不斷，人口消耗大。

人口的多寡決定著一個國家實力的強弱和經濟的雄厚，人口的管理透過戶籍制度主要體現在戶籍制度的完善上。西夏的戶籍文書是西夏管理人口、繳納賦稅、補充兵源等的最為重要的憑證之一，也是西夏最為典型的一種政務文書。

關於西夏戶籍的管理和上報等制度，在西夏綜合性法典《天盛改舊新定律令》中有比較詳細的規定。首先，新生男子從出生之日起至十歲，要在所轄範圍內的家主戶籍冊上進行註冊，尤其是對十五歲至七十歲之間的男子不註冊隱瞞者更要加重處罰，更不允許隨便更改戶口、年齡或註銷。

古代戶籍：歷代區劃與戶籍制度

近古時期 鑄新淘舊

《天盛改舊新定律令》中還規定了負責戶籍等管理的西夏基層組織機構，即農遷溜、小監和小甲，其中農遷溜為最基本的基層組織機構。

按照《天盛改舊新定律令》的規定，一遷溜應管轄一百戶人家。但一遷溜一百戶僅是朝廷原則規定，具體每一遷溜管轄的戶數可能考慮方便於管理或視當地居民點的情況而定，可以少於或稍多於法律規定。

為了更方便於工作，西夏在農遷溜之下設有小監，小監之下又設有小甲，這樣，西夏農村實行多層組織管理，其負責農村基層的一系列工作，包括戶口登記工作。

《天盛改舊新定律令》中規定，在每年年底，各租戶要向官府繳納人頭稅和地租稅等，此時就要進行一次人口和土地數量的登記，若有變化則要及時補充登記，三年進行一次人口普查，並向官府彙總上報。

西夏戶籍的內容主要有人口狀況、財產狀況和人口稅三個方面。西夏戶籍的寫作形式，有戶主姓名、每戶總人口、男女、大小人口姓名及親屬關係等分別登記，簡單明瞭，準確清楚，應用文書的特點顯露無遺。

戶籍是貫穿中國封建社會始終的重要政務文件，是歷代王朝賴以生存的重要經濟命脈。西夏的戶籍也因此形成了一套定期造籍、逐級上報、分級管理的制度，成為西夏在人口管理的重要憑據。

閱讀連結

西夏戶籍中的人名，多以吉祥、幸福、快樂為主，如壽長有、福有樂、瑞象寶、吉祥山等。

有的以月份加吉祥詞或金屬詞為名，以祈盼將來吉祥或富貴，如正月吉、六月金、十月盛等。

有的名字則帶有宗教色彩，如般若山、般若樂、三寶茂等。還有一些人名帶有奴僕或動物的稱呼，如善月奴、奴寶、瑞犬、老房犬、驢子有、雨鳥、小狗吉、心喜犬、成犬等。

西夏人的名字多種多樣，既反映了人們美好的願望，也反映出了党項族人崇尚迷信的一面。

金代的行政區劃與戶籍管理

■完顏阿骨打畫像

古代戶籍：歷代區劃與戶籍制度
近古時期 鑄新淘舊

金朝是中國歷史上少數民族女真族建立的統治中國東北和華北地區的封建王朝。金代的行政區域採用路或府、州、縣三級管理。路是金代地方最高最大的行政區。路或府是平行機構，下轄州、縣兩級。

金是由女真人建立的一個多民族國家，由於其人口民族結構的多元化，加上女真與漢、渤海等族又處在不同的社會發展階段，這種錯綜複雜的情況使得金代的戶籍制度與其他朝代比較起來具有某些特殊性。

金太祖完顏阿骨打在統一女真諸部後，西元一一一五年建都立國，國號大金。金原來都城是上京，西元一一五一年金帝完顏亮頒布詔書擴建遼燕京為中都，於西元一一五三年遷至中都，至此中都在很長的時間為金的首城。

金的行政區域採用路或府、州、縣三級管理。金國設有五京十九路，「路」是金地方最高最大的行政區。路府則成平行機構，下轄州、縣兩級。

金的州分為三類：節度州設節度使，防禦州設防禦使，刺史州設刺史。

金的縣以縣令掌治，分成七等。此外尚有部落之官，千夫長的猛安，百夫長的謀克，合稱「猛安謀克」。邊戍的官叫詳穩，部落墟砦的首領叫移里董。

金的戶籍制度包括戶口類別、戶等制、戶口統計與戶籍管理措施等方面的內容。金的戶口類別包括課役戶、不課役戶、監戶、官戶、二稅戶、州縣民戶、猛安謀克戶、乣戶。

課役戶、不課役戶的劃分依據是其物力，這是金賦役制度的一個最大特點。金的物力可分為「地土物力」和「浮財物力」兩大類，浮財物力還包括奴婢。

自金世宗時起，民戶物力均由定期進行的通檢推排來加以確定。由於物力是征派賦役的唯一依據，因此確定課役戶和不課役戶的標準就是有無物力。

課役戶與不課役戶是相對穩定的，金的通檢推排大致每十年進行一次，每次通檢推排的主要目的，就是根據民戶資產變化情況重新核定其物力總額，在此基礎上對課役戶與不課役戶進行調整。

監戶是宮籍監戶的簡稱，官戶是太府監戶的簡稱。金的宮籍監戶最初是由遼的諸宮衛內的「宮戶、宮分人」轉化而來的。在金代，宮籍監戶的主要來源是以罪被沒入官的人口。

官戶雖然與監戶一樣同屬官府奴婢，但由於他們在被沒入官前的身分就是奴婢，因此其法律地位似乎比監戶還要低一等。

監戶和官戶除了身分、地位的差異之外，其所服勞役的性質也不同。總之，監戶和官戶便成為了金代的兩個法定戶類。

二稅戶本是遼的法定戶類，其名稱雖然被一直沿襲了下來，但這種僧道奴婢在金代已不再具有合法的地位。

二稅戶在金代的處境是很微妙的。一方面，二稅戶在通檢推排時也和其他私奴婢一樣被納入寺觀的物力，這表明他們的存在已得到了默許。另一方面，金代對放免二稅戶的態

度始終是明確的，限制直至取消這種僧道奴婢是金朝廷的一貫政策。因此二稅戶從未獲得過官方的正式承認。

州縣民戶主要由漢人和渤海人構成，其分佈區域遍及全國十九路。金代的州縣人口約佔全國總人口的八成以上，是三類戶口中最主要的一類。

金建國之初，曾將猛安謀克推行到渤海人中，但由於這種帶有明顯的部落制痕跡的行政制度與渤海人的社會發展階段不相適應，所以熙宗時詔命廢除諸渤海猛安謀克，以州縣制取而代之。

猛安謀克戶以女真人為主，而雜以契丹、奚等族人戶，猛安謀克內的非女真族戶口，主要是在太宗天會以前歸降的部族。

乣戶是指生活在金代北境和西北邊境地區的諸遊牧部落，通稱「乣人」。金代的乣，主要是指歸附金代的北方各遊牧部落，意為「雜戶」、「雜類」。

乣戶的組成形式主要有三種，一是部族，二是諸乣，三是群牧，他們都分屬於東北、西北、西南三路招討司。

乣戶主要以遊牧生活方式為主，但其中也有一些部族已進入農業社會。

金世宗以後，諸乣中的某些部分相繼被改為猛安謀克，因而這部分乣戶也就變成了猛安謀克戶。

金代的戶籍制度中也分戶等，是戶籍制度的一項重要內容。劃分戶等的主要目的是為了徵發賦役，所以金代的戶等只是針對課役戶的。

　　金代的三等戶制與唐、宋制度都沒有直接的淵源關係，它是與遼代的戶等制一脈相承的。金代戶等制明顯沿襲遼代的制度，只是不再分別士族、庶族罷了。

　　金代也採取了相應的戶口統計與戶籍管理措施。金代人口統計對象是包括女口、非丁口在內的全部人口，這是金代戶口數字的前提。金代的戶口統計有一套完善的措施，保證了統計結果的準確性。

　　戶口統計數字是按縣、州、路、戶部、尚書省的系統逐級申報的，而金代的路分為總管府路、轉運司路、按察司路三套系統。因此，戶口統計的實際執行情況未必與這套規定全相符合。但總的說來，這套制度基本是得到嚴格執行的金代對於戶籍管理也有嚴格的法律規定。在金代有關戶籍編制及統轄的一整套制度中，最基礎的一項措施就是保伍制。

　　保伍制要求民戶必須聚居，而不能散居獨處。而金代完整的鄉村組織鄉、里、村、社四級，對戶籍制度的執行造成了行政上的作用。

閱讀連結

　　金人口在西元一一四一年紹興議和後，從「靖康之難」開始減少的人口總量得到一定程度的恢復增長。到西元一二○七年金章宗時期，金人口達到五千三百多萬人，金史稱此為金代的人口最盛時期。

　　而當時與南宋、西夏等人口總數據估計達到一點三六億人，中國人口從西元一○八三年的一億增加至西元一一二○年的一點三二四億人。

　　金代的四次準確的人口統計，每戶平均人口都在六人以上。金代的每戶規模較大，客觀地促使金朝廷及時制訂了相應的戶籍制度，成為了朝廷賦稅和徭役的依據。

元代行省制的創設與完善

■元世祖忽必烈像

　　元代行政區劃是地方的行政管理制度之一。自元代開始，中國出現了一種新的行政區劃制度，即將全國劃分為十二個一級行政區，包括一個中書省和十一個行中書省，行中書省簡稱「行省」。這一制度對後世產生了深遠影響。

　　元代行省制在開始時和金代一樣，只是一種朝廷派遣在外的臨時機構。

後來由於戰爭等各種因素，行省也開始干預地方政務，逐漸變成了最高一級的地方行政區域。省下還有路、府、州、縣四級區劃系統。

在忽必烈時期，就仿金實行行省制度。忽必烈一方面將尚書省並為中書省，總理朝政；另一方面，在地方設立若干行中書省，作為朝廷中書省在外地的代理機構。它最初是一種臨時設置，並只管軍事。

此後，元代從伐金到滅宋歷經數十年，到了元英宗時期，全國劃分為十二個一級行政區，包括一個中書省和十一個行省。

至此，元代完成了行政區劃設置。與此同時，元代也完成了各級行政官員的設置，並根據形勢的變化隨時調整。

元代的中書省為中央機構中書省的直轄地區，又稱「都省」、「腹里」，即中心之地，包括今山西、山東、河北、河南北部、內蒙古中部以及東部等地區，由中書省直接管轄，不屬於任何行省。

中書省總理全國政務，為最高行政機構。其設官沿襲金尚書省之制，長官中書令由皇太子兼任，未立皇太子時則缺。元代的十一個行省分別是：嶺北行省、遼陽行省、河南江北行省、陝西行省、甘肅行省、四川行省、雲南行省、江浙行省、江西行省、湖廣行省、征東行省。

元末，又分出許多行省，如中書省分出山東行省，江浙行省分出福建行省；有些行省區域過大，又劃置分省，如福

建行省內置建寧、汀州、泉州分省。這時的行省制已開始混亂。

元代行省界限的劃分，並不注重地理因素。例如歸州，地處四川、河南兩行省之間，卻隸於並不與之連界的湖廣行省；同是處於漢水上游漢中盆地的興元路和沔州，卻分屬四川、陝西兩行省。

行省官員的名稱、品銜據《元史·百官志七》說：「每省置丞相一員，從一品；平章二員，從一品；右丞一員，左丞一員，正二品；參知政事二員，從二品，甘肅、嶺北二省各減一員；郎中二員，從五品，員外郎二員，從六品，都事二員，從七品；掾史、蒙古必闍赤、回回令史、通事、知印、宣使，各省設員有差。」其後怕地方權重，各「行省」多不設丞相。

在十一個行省中，唯有「征東等處行中書省」的建制較為奇特，它的權限由兩部分組成：一是依附於元王朝之「屬藩」高麗國；一是直接在元中央統治下的兩府一司五道。

其行省的丞相，元英宗以後例由高麗王兼領，並可自行選擇官屬。其下屬行政機構與其他行省一致。行省的權力相當大，它負責處理境內政治、經濟，諸如刑律訴訟，官吏遷轉，賦稅徵收，甚至還包括帶有軍事性質的屯田、驛鋪等。

不少行省因轄境過大，元朝只好又在離行省首府偏遠地區以及邊境地區設置宣慰司、宣撫司等官府。宣慰司、宣撫司是介於行省與「路、府、州」之間，起上傳下達作用。有時它還可以代表行省，單獨處理軍政事務。

各行省的屬官，據《元史·百官志七》記載，其中有檢校、照磨、管勾、理問、都鎮撫等。而蒙古提舉學校官，各行省有的設置有的未置。此外，在兩淮、兩浙、福建等處設都轉運鹽使司，四川設茶鹽轉運司，廣東設鹽課提舉司、市舶提舉司。

　　元代的 11 個行省下設路、府、州、軍、安撫司和縣。行省下轄路，路領府、州，府、州轄縣。

　　但也有不轄縣的路、府、州；不隸於路的府、州，而直隸於行省。直隸於行省的府、州稱為直隸府、直隸州；隸於路的府、州，稱為散府、散州。當時與路平級的直隸州、直隸府為數不少。

　　另外，元還仿宋的「軍」行政區劃，置有軍和安撫司，為數不多，都在邊境少數民族區域內置設。軍有直隸於行省的，也有歸路統轄的；安撫司都，直隸於路。

　　元代行省以下的行政區劃雖略同於宋，但元代的行政區劃已與宋代的有原則上的區別：一是宋代的最高一級行政區劃「路」，在元代已降為第二級行政區劃單位；二是宋代的府、州轄於路之下，在元代已有相當數量的府、州成為直隸府、直隸州，與路並列；三是宋是三級行政區劃系統，元則以行省、路、府或州、縣四級區劃系統為主。

　　元代各路一般設萬戶府、總管府，規定十萬戶以上者為上路，十萬戶以下者為下路。各路萬戶府萬戶及總管府總管以下屬官有同知、治中、判官、推官、知事、照磨、譯史、通事等。

其他還有儒學教授、蒙古教授、醫學教授、陰陽教授、雜造局大使、府倉大使、惠民藥局提領、稅務提領、判官等。在兩京，則設有警巡院。

路下有府。元代的府比較雜亂，有的屬於路，有的屬於行省，有的直屬中書省。有的管轄州縣，有的不統州縣。

一般各府有同知、判官、推官、知事及提控案牘等官。沒有設路之散府則設知府或者府尹。

路府之下設州，有上、中、下州之別，也是根據戶數多寡而分。各州設知州、同知等官，邊遠不設州而設軍，其建制與州同。

州下設縣，也依戶數多寡而分上、中、下縣。各縣設縣尹、縣丞、簿、尉、典史、巡檢等官。縣以下又分鄉、都，設里正、主首，負責催辦錢糧，供應雜事。元代朝廷還把五十家編為一社，社有社長，負責教勸本社之人務勤農業。

元代「行省」的出現和制度化，以及各級行政官員的設置，屬於元代地方行政體制的一個巨大而顯著的變化。它不僅加強了元代的中央集權統治，鞏固了多民族國家的統一，也極大地促進了各族人民在政治、經濟、文化上的交流。

閱讀連結

元世祖忽必烈為了加強對全國的管理，在中央設中書省總理全國行政事務，設樞密院掌管軍事，設御史台負責監察，設宣政院掌管全國佛教事宜和藏族地區軍政事務。

把山東、山西、河北和內蒙古等地稱為「腹里」，作為中央特區，由中書省直轄。在地方上設立十一個行中書省，各置丞相一人，掌管全省軍政大事。

忽必烈的行省制的確立，從政治上鞏固了國家的統一，使中央集權在行政體制上得到了保證。

元代的戶籍分類管理制度

■元世祖忽必烈蠟像

元代的戶籍分類管理制度，是將全國的人戶以職業、民族、宗教信仰的不同而劃分為民戶、軍戶、匠戶等十幾種，分別著籍，稱為「諸色戶計」制度。各戶一經入籍，就不得更易，世襲其業，承擔不同的賦役。

元史研究從來把「四等人制」看做是元代政治制度和經濟制度的社會特徵。

古代戶籍：歷代區劃與戶籍制度

近古時期 鑄新淘舊

　　元代戶籍分類管理制度，體現了朝廷對人口進行有效管理的傾向，在社會生活中產生了相當的影響。

　　元代對戶籍進行分類管理，是元代戶籍制度上的一個顯著特色。元朝將從事不同職業的人戶在戶籍上區別開來，固定他們所承擔的義務，統稱「諸色戶計」。色，意為種類；計，意為統計。元代戶籍分類的基本內容包括以下幾個方面：

　　一是按資產情況將居民劃分為三等九甲，三等為上、中、下，每一等又分上、中、下，是為九甲。實際施行時往往只分三等。

　　二是戶等劃定後，都要進行登記，編為鼠尾文簿。除軍戶和匠戶外，其他諸色戶計都同民戶一起排定戶等，編在同一鼠尾文簿內。鼠尾文簿的全名是丁口產業鼠尾簿，因為是從上到下編排的，如同鼠尾上粗下細，所以就叫「鼠尾文簿」，也叫「鼠尾簿」。

　　三是賦稅和徭役的征派，以鼠尾文簿為依據。元代的戶等制與賦役制之間存在著密切的聯繫，特別是科差、雜泛差役、和雇和買的征派，原則上都規定以戶等為依據。

　　元代戶籍分類方式是，先劃分為北人戶和南人戶，再把北人戶劃分為色目人戶和漢人戶，南人戶劃分為蒙古、畏兀兒、回族、也裡可溫、河西、契丹、女真、漢人。在這個結構中，蒙古人和契丹人都在色目人的項目之下，但並不能證明蒙古、色目、漢人、南人的四等劃分制度是並列的。

　　元代為了能有效地徵斂賦役差發，將南北民戶進行不同劃分。北方民戶又細分為許多戶別。透過設立不同的戶別，

徵斂不同數目的賦役。南方地區的民戶則依其地畝納兩稅和雜稅、雜泛差役等。

在元代北人戶和南人戶「諸色戶計」中，人數最多、覆蓋面最廣的是民戶、軍戶和匠戶，他們基本上涵蓋了元代各種不同的戶計分類標準。民戶是諸色戶計中戶數最多的一種戶計，在國家總戶數中佔絕大多數。民戶負責主要的社會生產，是國家各種賦稅、雜泛差役的主要承擔者。民戶是元代財政收入的第一來源。

民戶主要由以下來源組成：首先是一般的地主，自耕農，半自耕農，無耕地的租佃戶；其次是諸王公、貴族、豪門地主的「驅口」及其附籍的蔭庇戶被放良或改正為良，由官府收係當差者；再次是其他戶計被官府改放為民，如軍戶無丁頂替的戶絕者，或是無力再服本役等原因，而被改放為民者。

軍戶是元代第二大類戶籍群體，他們雖然在法律地位上與民戶一樣，但他們享有一定的特權，可以不用繳納民戶所負擔的繁重和多樣的差役，甚至可以蓄奴。

元代軍戶必須出成年男子到軍隊服役，父死子替，兄亡弟代，世代相襲。元代軍隊成分複雜，與之相應，軍戶也有蒙古軍戶、探馬赤軍戶、漢軍戶和新附軍戶之分。

蒙古族主要以遊牧為生，兵民一體，十五歲以上的成年男子都是士兵。但隨著統轄地區的不斷擴大，政權職能日益複雜化，蒙古國對居民實行分工，有的專服軍役，有的專任站役等。專服軍役的蒙古人戶後來便稱為蒙古軍戶和探馬赤軍戶。

　　軍戶的管理，自成系統。各種軍戶的來源不同，管理辦法也不同。對蒙古軍戶和探馬赤軍戶，在有關萬戶府或千戶翼中設立奧魯官管理；對漢軍戶，也設立奧魯管理，但奧魯官由路府州縣的長次官兼任；對新附軍戶則不設奧魯，由管軍官管理。

　　軍戶因負擔出軍費用，在賦役上可得到一定的減免，如：稅糧，四頃以內免納，以供軍需，四頃以上要交稅；雜泛差役，軍戶全免；和雇、和買，邊遠出征軍人全免，其餘軍戶中有物力之家要負擔，無物力之家可免。

　　漢軍戶中，實行正軍戶、貼軍戶制，即以兩三戶或三五戶合出一軍，其中丁力強者充軍，其餘出錢津貼。出軍者稱為正軍戶，出錢津貼者稱為貼軍戶。正軍戶、貼軍戶制的推行，主要因為軍戶中貧富日益懸殊，貧者無力出軍，元代朝廷可用這種方法使貧富相資，保證兵源。

　　元代匠戶的來源，一是在長期征伐過程中虜獲來的工匠及充當工匠的俘虜，再就是從民間簽發來的手工工匠和並非工匠的普通百姓。匠戶在戶籍上自成一類，必須在官府的手工業局、院中服役，從事營造、紡織、軍器、工藝品等各種手工業生產。由各局、院和有關機構直接管理，不允許他們隨意脫籍，必須世代相襲，承當指定的工役。

　　匠戶是元代諸色戶計中戶數較多的戶計之一，按照來源的不同可分為以下四種類型：

　　一是系官匠戶，又稱「系官人匠」，是在官府所設立的手工業局、院、場、洞進行勞作，由官府專設機構及其常設

官員進行管理的工匠戶。系官匠戶是元代匠戶中最主要的組成部分。

二是私屬匠戶，即「怯憐口」。怯憐口是蒙古各王公貴族名下的附籍戶。在元代的法律中，怯憐口不是國家的編戶齊民，不在諸色戶計之內。

三是散居於民間的匠人。這種散居於民間的匠人是城鄉民戶中有技藝者，即家庭手工業者和城鎮的手工業作坊的工匠。這類工匠實際上是諸色戶計的民戶，而非匠戶。若遇工匠不足，朝廷就於民間酌將手藝極高者充為匠戶。但在沒有抽取為匠戶之前，依舊是民戶。

四是官奴。這是元代工匠中的一種特殊類型，是由童男轉化而來。童男是幼年被俘或隻身流落的無主人口，被朝廷拘留在局院裡學習匠藝，世代服匠役。他們雖然也在官府局院工作，但身分低於普通工匠，稱為官戶。

這些童男的發展趨勢不是在增加而是在逐漸減少，這是因為當社會安定後，以前因為戰亂所造成的人民流離失所的情況得到了遏制。

除了民戶、軍戶和匠戶外，元代戶籍中還有獨立設置的宗教人員戶籍，專門生產食鹽的鹽戶，專門侍奉蒙古皇室打獵和放鷹的「打捕戶」和「鷹房戶」，以及單獨隸屬於各貴族、勳戚和功臣的分封戶，甚至還有一些為蒙古貴族提供奢侈服務的各種特殊戶籍，如專門在貴族養老時服役的養老戶等。

閱讀連結

　　成吉思汗時期，蒙古汗國的牧民與戰士是一體的，所以需要嚴格管理。

　　據《世界征服者史》記載，成吉思汗法說：「建立戶籍制度。每個人都轄屬於十戶、百戶和千戶，並承擔勞役。」

　　「每個人都只能居住在指定的十戶、百戶、千戶轄區內，不能隨意遷移到另一個單位去，也不能到別的地方去尋求庇護。如有違抗該命令的，遷移者要當眾被處死，收容的人也要受到嚴屬懲罰。」

　　成吉思汗的編戶辦法，使草原整合為一條龍，使蒙古汗國有了征戰的基礎。

近世時期 別開生面

明清兩代是中國歷史上的近世時期。

這一時期的行政區劃和戶籍制度逐漸形成了近代雛形。明清兩代精心調整全國行政管轄區，並對邊疆地區採取羈縻政策，以至在清代出現了一種全新的軍政合一的行政區劃體制。

明清兩代的戶籍制度是隨著經濟基礎的變化而變化的。明中葉以後出現的經濟結構新因素，推動了戶籍制度的變化。

大量事實表明，從明萬曆年間至清乾隆年間，戶籍制度由閉鎖走向了開放，而清代保甲制的實施，使戶口遷徙政策更加靈活。

▌明代行政區劃設置三司制

■明太祖朱元璋畫像

　　明朝的建立者是朱元璋。明朝是中國繼周朝、漢朝和唐朝之後的繁盛時代，史稱「治隆唐宋」、「遠邁漢唐」。

　　明初曾沿襲元代的行省制，明太祖於西元一三七六年改行省為承宣布政使司，下設府和直隸州，府以下有縣和屬州，各州以下有縣，從而形成了省府州縣四級制與省州縣三級制並存的大體格局。

　　明代地方行政區劃的主要構成都指揮使司、承宣布政使司、提刑按察使司，「三司」三分各省軍政司法權力的體系，後逐漸被巡撫制度接掌，巡撫常常成為各省權力的最高長官。

　　明太祖朱元璋建立的明朝，明代疆域極盛時，北控蒙古，西有西域，東北征服女真，西南管轄西藏，南方建立了交郡。明代在少數民族地區實行羈縻衛所制度和土司、土官制度，促進了中華多民族的統一和發展。

明初定都金陵時，基本上保留了元代行省制，只在西元一三六八年廢元中書省，同時改江南行中書省為中書省，以示國都所在。

元末行省制已出現混亂，不全面改革整頓已難以維持國家權力。於是，明代在地方實行三司制，分置承宣布政使司、提刑按察使司和都指揮使司，以使地方官權力不致過大。

承宣布政使司為國家一級行政區，簡稱布政使司、布政司、藩司，負責一級行政區的民事事務。在正式的文件中避免使用元代的「行省」一詞，所以在地名下加「等處」，如廣東「省」在廷寄等正式公文中稱作「廣東等處布政使司」。

布政司通稱「省」，底下依序有道、府與縣。道是明代特別設置的介於省和府、縣之間的行政單位，分為分守道和分巡道兩種。

府的前身是元代的路，路改府後成為主要的二級行政區劃，但是同時又有直屬於省的直隸州，行政級別等同於府。府以下有屬州和縣，是主要的第三級行政區劃，而屬州還可能領有少數縣，成為結構上的第四級，但相對重要性很小。

直隸於省的直隸州下也領若干縣，其級別相當於府屬州或府屬縣，仍是第三級行政區劃。所以，州按性質不同是跨第二、第三兩個級別的區劃，但與府相比，無論屬州或直隸州的治所所在地均不設縣，即使原有縣的也被併入州制。

明代在全國設置十五個省級單位，包括北直隸、南直隸、陝西、山西、山東、河南、浙江、江西、湖廣、四川、廣東、

福建、廣西、貴州和雲南。以上十五個省級單位為明代穩定的統治區域，稱為「兩京十三布政司」。

兩京為順天府與應天府，是明代首都北京與南京的正式稱呼。兩京與它們周邊的州府分別合稱北直隸與南直隸，不設布政司。

十三布政司為陝西、山西、山東、河南、浙江、江西、湖廣、四川、廣東、福建、廣西、貴州、雲南。

布政使司設左、右承宣布政使各一人，即一級行政區最高行政長官。而一省之刑名、軍事則分別設提刑按察使司與都指揮使司管轄。

另外，明代在西元一四〇六年至一四二七年間曾設立交趾布政使司，後被廢。南明時期，延平郡王鄭成功在台灣設立承天府，下轄天興、萬年兩縣，另設澎湖安撫司，號為「東都」，後鄭成功兒子鄭經改東都為東寧，並於承天府之上再設東寧總制府。

提刑按察使司是省一級專門的司法機構，主管一省的刑名、訴訟事務，同時也是中央監察機關——都察院在地方的分支機構，對地方官員行使監察權。

提刑按察使司的主管為提刑按察使或稱按察使，簡稱臬台、臬司。提刑按察使在明代與承宣布政使並為一省最高長官。

都指揮使司簡稱「都司」，主管地方軍事。明太祖採用衛所制，西元一三七〇年於各省設置都衛，一三七五年才設置都司管理。

都司原隸屬大都督府，在胡唯庸案後分解大都督府，各統諸軍司衛所。分解後共有十六個都司、五個行都司和兩個留守司。

十六個都司中有十三個都司與布政使司同名，其他三個分別是北直隸境內的萬全都司、大寧都司和山東省的遼東都司。

五個行都司分別是陝西、四川、湖廣、福建和山西。陝西治甘州衛，即今張掖市；四川治建昌衛，即今西昌市；湖廣治鄖陽衛，即今鄖縣；福建治建寧府，即今建甌市；山西治大同府。

兩個留守司，一個是洪武年間設置的中都留守司，即今安徽省鳳陽縣；另一個是嘉靖年間置於承天府，也就是今湖北鐘祥市的興都留守司。

屬羈縻性質的都司中，最有名的有統轄黑龍江、松花江流域和庫頁島等地的奴兒干都司，在政教合一的青海、西藏地區設置有烏斯藏、朵甘二都司，置於今甘肅、青海交界地區的哈密、曲先等衛。這些行政設置都屬於羈縻性質，與內地的都司、行都司性質不同。

閱讀連結

明代北部邊境的界限曾幾度變化。明代初年，多次對蒙古用兵，並在與蒙古邊境一帶設置四十餘個衛所防衛，大致走向為陰山、大青山南麓、西拉木倫河一線。

後來由於農耕不濟和靖難之戰等原因，邊境略有南移，明成祖多次北伐，又令形勢一度改觀。但在明代中期以後，隨著蒙古的再次強大，明邊再次南遷。

修建長城以防禦蒙古，在長城沿線設置九邊重鎮加強防禦。長城也成為明代中後期的北邊，同時也是農耕區與遊牧區的界線。

▌明代人口管理的黃冊制度

■朱元璋塑像

明太祖朱元璋為控制人口、掌握土地、鞏固政權，開展了大規模的戶口調查登籍工作，逐步建立起獨具特色的戶籍管理制度。具體做法有：開展戶口調查、推舉戶帖制度、制定賦役黃冊、劃分黃冊種類、建立里甲制度、發揮里甲作用等。

明代人口管理制度，體現了專制主義的中央集權高度發展和自然經濟結構內部發展變化的特徵，同時這套管理制度又具有由嚴到寬、由緊到鬆的發展大趨向。

在此之後，明朝列聖承業治國，雖然隨著形勢的變化而有增損，但其基本框架和根本原則，終明之世並沒有多少改變。

明朝建立後，面對百廢待興的局面，明太祖朱元璋首先決定開展大規模的戶口調查和登籍工作。當時的寧國府知府陳灌創立了一種戶帖形式，即在登記表中填寫每戶的田產或人口，得到了明太祖的讚賞，遂將此法推行全國各地。

戶帖登載的內容，包括戶主姓名、年齡、籍貫、應當差人數、男子成丁不成丁數、婦女大口小口數、房屋田地牲畜數等，這就使一個家庭的基本情況一目瞭然，為官府掌握人口、徵調賦役提供了準確依據，同時又具有人口普查的性質。

明初實行的戶帖制度認真而嚴格，具體而詳細，使新建立的明王朝對戶口、土地有一個較準確的瞭解，從而能對人口進行有效管理。經過十餘年的準備，明太祖認為制訂賦役制度的條件已經具備，遂於西元一三八一年下令，全國各地郡縣編制賦役黃冊。

賦役黃冊後來又稱「明代黃冊」，是明朝為核實戶口、徵調賦役而製成的戶口版籍。它以戶為單位，詳細登載鄉貫、姓名、年齡、丁口、田宅、資產。並按從事職業，劃定戶籍，主要分為民、軍、匠三大類。黃冊的攢造過程和要求是：

古代戶籍：歷代區劃與戶籍制度

近世時期 別開生面

　　第一，由戶部設計攢造格式，確定下來，發給地方官府，再由各地方官府依式翻刻，然後逐級下發到各戶依項填寫。

　　第二，各戶拿到冊單後，按要求將自家人丁、田地、牲畜、財產等一一填好。最後彙集到里長手中，里長以里甲一百一十戶為單位定做冊本，送與本管衙門。

　　第三，官府收到轄區各裡送來的冊本之後，要比照原造黃冊進行查算，一是人口，一是事產，看各戶親供是否屬實，有無變動。然後，將各戶分為上、中、下三等，彙總成冊，稱為「清冊供單」，用來編造賦役黃冊，以此作為各戶納糧當差的依據。

　　第四，各縣將本縣的黃冊上報給府，各府彙總本府黃冊上報布政司，各布政司彙總本司所轄府州縣黃冊送交南京戶部，進行核查比對，若無問題則收貯後湖庫藏。

　　由於黃冊攢造首先從最基層的里甲開始，繼而彙總至縣、州、府、布政司，且有嚴格戶籍身分管理。所以，攢造黃冊又有不同的冊籍類別。戶籍種類各地並非完全一致，要結合當地的地理環境、社會條件、經濟狀況等多種因素而定。

　　除民籍黃冊外，還有軍冊、匠冊和灶冊。明建立政權後，實行了嚴格的戶籍分類管理制度。民籍、軍籍、匠籍、灶籍身分一經確定，即世代沿襲，除非遇有特殊原因，一般不得更改。

　　這一方面是沿襲前代做法，另一方面也是出於明朝自身的戶籍管理的需要，以保證專類役戶的來源和對其的役使。

里甲制度是在編造賦役黃冊時建立的。里甲制度與賦役黃冊相輔相成，互為內容，體現出人戶性和地域性這兩個基本要素。

　　按照明代規定，每裡的標準戶數當為一百一十戶，官方史料亦作了明確記載，但不少地方史志材料所記則有很大差異。

　　明朝廷把一切可能編入里甲的人戶都編入里甲組織，而所有里甲人戶的情況又都詳細登載在黃冊之內，其目的就是盡可能擴大納糧當差的人數。

　　明初建立起一整套完備的調查、登記、管理與核查制度，如戶帖的使用，各類黃冊的編制，各種戶籍的分類，里甲制度的施行，嚴密而規範的操作模式，法令的嚴屬監督等，構成明代人口管理制度的顯著特徵。

閱讀連結

　　明太祖曾經下過一道白話聖旨，內容是他對調查戶口的具體要求：「說與戶部官知道，如今天下太平了也，止是戶口不明白里，教中書省置下天下戶口的勘合文簿、戶帖。你每（們）戶部家出榜，去教那有司官，將他所管的應有百姓，都教入官附名字，寫著他家人口多少。寫得真著，與那百姓一個戶帖，上用半印勘合，都取勘來了。我這大軍如今不出征了，都教去各州縣裡下著繞地裡去點戶比勘合，比著的便是好百姓，比不著的便拿來做軍。比到其間有司官吏隱瞞了的，將那有司官吏處斬。百姓們自躲避了的，依律要了罪過，拿來做（充）軍。欽此。」

　　這道聖旨刊印在《洪武四年徽州府祁門縣汪寄佛戶帖》
首頁，該戶帖現藏於中國社會科學院歷史研究所。

▍清代的三級行政區劃系統

■清朝康熙皇帝朝服畫像

　　清朝是由滿族統治者建立的。清朝從大金建立開始算起，
歷經十二帝，西元二九六年。清朝是中國歷史上第二個由少
數民族建立的統一政權，也是中國最後一個封建帝制國家，
對中國歷史產生了深遠影響。

　　清代行政區劃在沿襲行省制度後，又採取了其他制度來
管理地方事務。內設十八個行省，省下設道、府或州、縣，
實行三級行政區劃。還針對邊疆如西藏、新疆等地設立管轄
區域。後又分為二十二省以及許多特殊地區。

　　清代行政區劃維護了統一和社會穩定，為「康乾盛世」
出現奠定了基礎。

清軍於西元一六四四年入關後，逐步統一全國。為了便於統轄遼闊的疆域，清初仍沿用明制的布政使司，只是改北直隸為直隸，南直隸為江南布政使司，即廢除了南京為國都的地位。

　　康熙帝登基之初，改布政使司為省，認為全國區劃為十五省，其制過大，所以分湖廣為湖南、湖北兩省，分江南為江蘇、安徽兩省，分陝西為陝西、甘肅兩省，全國共為十八省。

　　清省以下的各級行政區劃單位基本是沿用明制，省下轄府和直隸州，府下領散州和縣。

　　清代省制不同以往的有以下幾點：

　　一是增加了廳級行政區劃單位，是清代在新開發地區所設置的區劃單位，有直隸廳和散廳之分，直隸廳與府、直隸州平行，直隸於省，絕大多數不領縣。散廳隸屬於府，與散州、縣相平行，成為最基層的行政區劃單位。

　　二是省轄的直隸州才領縣，而府轄的州則不領縣。

　　三是實行三級行政區劃系統，以省、府或直隸州、縣為主。

　　至於邊遠轄區，除了在部分農業區設置府、州、縣外，在內蒙古、外蒙古、新疆、青海以及東北的奉天、吉林和黑龍江，建立盟、旗行政區劃單位。盟相當於內地的府，旗相當於內地的縣。在西藏則設立營。

在清代，直隸廳的地位低於府，但高於直隸州，因此清省以下行政區劃單位的稱呼一般為府、廳、州、縣。

清代將蒙古、西藏、青海和新疆稱為「藩部」，由理藩院管理。

明清之際，蒙古分為眾多部落，部落首領為「部長」或「汗」。清太宗時，依照滿洲八旗的組織形式，將蒙古各部落編為旗，為蒙古的基本行政單位，其長官為札薩克或總管。旗下設「佐」。自此蒙古各部落被納入統一的行政體系之中。

在地域上，蒙古地區大致可以分為察哈爾、內蒙古、西套蒙古、外蒙古、科布多與唐努烏梁海。外蒙古包括土謝圖汗部、賽音諾顏部、車臣汗部和札薩克圖汗部。

西藏在清代又稱「唐古忒」、「圖伯特」，分為衛、喀木、藏、阿里四部，以及霍爾三十九族地區。西藏地方的行政長官為駐藏大臣，駐喇薩，會同達賴、班禪額爾德尼辦理藏內政務。其政令由西藏官府噶廈執行。

西藏的基層政區是宗，大致相當於內地的縣，但規模很小。一些貴族、寺廟的莊園領地稱為「溪卡」，地位比宗低或者平級。

宗的長官為「宗本」，溪的長官為「溪堆」，一般由噶廈委派，也有的由特定寺廟委任。後藏札什倫布附近的幾個宗，由班禪直接管理。今那曲地區、昌都地區北部的各部落統稱霍爾三十九族，簡稱三十九族，為蒙古人後裔，由駐藏大臣的屬員夷情章京管轄。駐紮於達木，即今當雄的達木蒙古八旗，每旗設一佐領，不設總管，直屬於駐藏大臣。

清代的青海不包括今西寧、海東、黃南以及青海省邊緣的部分地區。青海大致以黃河為界，分為青海蒙古和玉樹等四十族土司。

黃河以北主要為蒙古人，有和碩特、輝特、綽羅斯即準噶爾、土爾扈特、喀爾喀五大部落。

西元一七二五年，雍正帝編青海蒙古為二十七旗，後增至二十九旗，由西寧辦事大臣主持會盟。

西元一八二三年，道光帝分黃河以北二十四旗為左、右翼二盟，每盟設正、副盟長各一人。

黃河以南主要為藏人，清代在此設有四十個土司，其中以玉樹土司最大。土司以下有土千戶、土百戶。嘉慶、道光年間，藏人不斷越過黃河向北遷徙，形成了環青海湖一帶的環海八族。

清代新疆分為天山北路的準部和天山南路的回部，統屬於伊犁將軍。其中的蒙古遊牧地區實行盟旗制。維吾爾、布魯特、塔吉克等族地區則實行伯克制。蒙古土爾扈特舊部與中路和碩特部設立旗、盟。

西元一八八四年，光緒帝在新疆建省，實行與內地相同的府、廳、州、縣體制。

閱讀連結

西元一八八五年，清朝建台灣省，任命抗法有功的原福建巡撫劉銘傳為第一任台灣巡撫。

劉銘傳在台灣執政期間，對台灣的國防、行政、財政、生產、交通、教育等進行了大膽改革，使台灣的面貌煥然一新。台灣第一條鐵路和許多近代的設施就是在他的領導下創建的。

台灣人民至今還深深懷念他。在台北市有以「銘傳」名字命名的學校，在基隆火車站前還有為劉銘傳立的紀念碑。

清朝對台灣的經營，使台灣成為中國一個重要的省份，使海峽兩岸融為一體。

▌清代開放的戶籍保甲制度

■清朝雍正皇帝朝服畫像

清代戶籍制度與明代對流民的政策有重大變化，其突出特點是准許人口合法遷徙。清初雖然查人口祖籍，但沒有規定必須回原籍，而且規定的入籍條件也放寬了。

隨著保甲制度越來越得到重視，戶口的合法遷移也在保甲法中反映出來，成為保甲法的法定內容之一。

清代開放的戶籍制度，使人口的遷徙合法化，促進了人口的流動。乾隆以後人口流動之頻繁，流動的區域之大都超過了前代。這是中國戶籍制度的一個重大進步。

清軍入關以後，在戶籍政策上表現出很大的靈活性，人口入籍不需以置有產業或建有墳廬為條件，遷出也很自由。隨著保甲法的更定和推行，人口管理政策的靈活性又有所發展。

清朝建立之後，承襲明制，並把從明朝沿襲下來推行的保甲法確立為國家制度，各朝帝王不遺餘力地加以推行。

西元一六四四年，攝政王多爾袞下令將保甲制確立為清朝統治基層社會的制度，此即所謂「總甲法」。從總甲法可以看出，保甲制的基本職能是編審戶口，因田定賦，計丁授役。

清代的保甲與門牌制度是聯繫在一起的。清世祖入關後，有編制戶口牌甲之令。其法是州縣城鄉十戶立一牌長，十牌立一甲長，十甲立一保長。

每戶發給印牌，將姓名丁口寫在上面，出則注所往，入則明所來。當時這是臨時性措施，對遷入遷出並不十分明確。

康熙時期，康熙帝下詔修訂保甲法，這一詔令在組織形式、編查方法、人員配置、主要職責諸方面，奠定了清代保甲制度的基本內容。此後，清朝採取強硬措施強化保甲制，並開創了在全國範圍內以保甲統計戶口的戶籍管理制度。

古代戶籍：歷代區劃與戶籍制度

近世時期 別開生面

　　當時很多人對保甲制度的實施效果持樂觀的態度。有人這樣勾畫保甲組織的理想模式：每一保由一千戶組成，其中每十家立一牌長，每十牌立一甲長，十甲即一千戶立一保長。每戶發給一張印牌，上面寫明本戶丁口、從業狀況。

　　戶內有人外出或者有客來訪都要註明行蹤，牌頭、甲長等平日對這些情況進行稽查，如有可疑之人立即上報保長、地方官處理。各戶之間聯名作保，一家犯罪，其他各戶依律連坐。

　　透過推行保甲制度，以保甲為目，以牌頭、甲長、保長乃至各級地方官吏為綱，就可以把全國百姓組織起來，使之互相監督，防患於未然。

　　雍正在全國實施「攤丁入畝」的賦役改革後，農民從嚴重束縛人身的丁戶編審中解脫出來，有了較多的流動遷徙和從事其他職業的自由。

　　西元一七二六年，直隸總督李紱提出，實行「攤丁入畝」以後，五年編審一次已經失去存在的意義，應當停止編審。這是清代重要大臣首次提出以保甲清查戶口，編造冊籍。

　　雍正帝令吏部研究李紱的建議，吏部重申保甲制度，議定民間懲勸之法。在一系列法令的推動下，加之各級朝廷機構具有較高的行政效能，雍正朝保甲的編查對象不斷擴大，保甲法逐漸推行於全國。

　　乾隆時期，保甲制度的內容所指更清楚表明門牌制度必須反映人口的遷徙情況。

門牌的冊文中還規定，「如有遷徙，生故、婚嫁增減，隨時添注塗改，並告知牌、甲、里長，於冊內注改以憑」，門牌制度與保甲法的內容完全一致，透過門牌制度保證保甲法的執行。門牌的內容反映了戶口的可遷性。

乾隆以後的保甲法還規定：

客民注籍縣分，必須兼注府名、直隸州名。緣天下州縣同名者及音同字不同者甚多，又一字而土音不同，字非習用，人不識者，單注縣名，頗有舛誤。

戶口管理中出現的這些新問題表明，人口的遷徙已遠遠超出了本府本省的範圍。

隨著有大量人口向邊遠地區遷徙，游民為工商業的發展提供了勞動力資源，促進了社會的繁榮。朝廷為獲得戶口實報，於西元一七四〇年正式宣布在全國推廣以保甲組織統計戶口及谷數。

西元一七五七年，清朝全面整頓保甲，並於兩年後議準保甲條例十五條，規定不但一般原住居民編為保甲，凡紳衿之家，流動人口、寺觀僧道等，俱在保甲編查之列，並明確規定全國統一以保甲組織作為戶籍統計管理系統。至此，清代實施的保甲制又發揮出新的社會功能。

閱讀連結

乾隆時期，由於人口管理更具開放性，廣大農民常常進行遠距離遷徙。

　　文獻記載的大量事實證明，在乾隆時期，僅荊襄一帶就有湖廣、四川、陝西、廣東、安徽、貴州數省之人到此安家落戶，直隸山東之人遠徙吉林、黑龍江。直隸、山西、陝西之人遠徙蒙古地方，閩粵之人渡海開發台灣。人口的合法遷徙促進了邊疆地區的開發。

　　乾隆皇帝晚年十分得意地說，「小民皆得開墾邊外地土，藉以暫謀衣食」，這清楚地表明這一時期戶口的開放趨勢。

國家圖書館出版品預行編目（CIP）資料

古代戶籍：歷代區劃與戶籍制度 / 邢建華 編著 . -- 第一版 .
-- 臺北市：崧燁文化 , 2020.04
　　面 ;　　公分
POD 版

ISBN 978-986-516-115-6(平裝)

1. 戶籍 2. 中國

573.26　　　　　　　　　　　　108018509

書　　　名：古代戶籍：歷代區劃與戶籍制度
作　　　者：邢建華 編著
發 行 人：黃振庭
出 版 者：崧燁文化事業有限公司
發 行 者：崧燁文化事業有限公司
E - m a i l：sonbookservice@gmail.com
粉 絲 頁：　　　　　網 址：
地　　　址：台北市中正區重慶南路一段六十一號八樓 815 室
8F.-815, No.61, Sec. 1, Chongqing S. Rd., Zhongzheng
Dist., Taipei City 100, Taiwan (R.O.C.)
電　　　話：(02)2370-3310 傳　真：(02) 2388-1990
總 經 銷：紅螞蟻圖書有限公司
地　　　址：台北市內湖區舊宗路二段 121 巷 19 號
電　　　話:02-2795-3656 傳真 :02-2795-4100　網 址：
印　　　刷：京峯彩色印刷有限公司（京峰數位）

定　　　價：250 元
發行日期：2020 年 04 月第一版
◎ 本書以 POD 印製發行